Cómo Comprar Casa En USA

Tu Guía, Paso A Paso, Para Evitar Los 13 Riesgos Más Comunes

(Your Step-By-Step Guide To Buying A Home, Spanish Edition)

Marina Brito

Comprende, Ink.   Fairfax, VA

ISBN 978-0-9792634-0-8

Library of Congress # 2010900137
Main entry under title:
Cómo Comprar Casa En USA: Tu Guía, Paso A Paso, Para Evitar Los 13 Riesgos Más Comunes *(Your Step-By-Step Guide To Buying A Home, Spanish Edition)*

Library of Congress subject headings:
Subject term: House buying--United States.
Subject term: Residential real estate--Purchasing--United States.
Subject term: Mortgage loans--United States.
Subject term: Spanish Language - Bilingual - House Buying

Subject term: Bienes Raíces - Compra, venta, etc.
Subject term: Viviendas - Compra - Estados Unidos.
Subject term: Préstamos Hipotecarios - Estados Unidos.

Publicado en los Estados Unidos por Comprende, Ink., Fairfax, VA
Published in the United States by Comprende, Ink., Fairfax, VA

1.1

Testimonios

"El proceso de compra de vivienda en este país puede ser muchas veces confuso, incierto y emocionalmente desgastante; este libro es una gran ayuda para no tener que pasar por experiencias desagradables"

"Antes de leer Cómo Comprar Casa En USA, no creí encontrar información nueva que pudiera aplicar a mi situación particular; sin embargo, rápidamente me di cuenta de que no es el caso, ya que encontré datos de gran utilidad y aprendí cosas que desconocía.

Al leer el libro tuve una experiencia positiva y enriquecedora. Como inmigrante, realmente desconocía la forma particular en que funciona el negocio en este país y después de leer el libro adquirí varias herramientas que podré aplicar a mi futura búsqueda de vivienda. Me ayudó a organizar mis prioridades al pensar cuáles son las cosas realmente importantes a la hora de comprar una vivienda, a entender las ventajas y desventajas de cada tipo de vivienda en los Estados Unidos y también me proporcionó herramientas para entender mi realidad financiera actual, establecer un presupuesto viable y organizar mi proceso de búsqueda razonablemente.

Lo que más me gustó del libro es que la estructura es fácil, didáctica y directa en la que se expone claramente cada etapa del proceso de compra de casa.

Yo definitivamente recomiendo este libro a quienes estén interesados en comprar casa en los Estados Unidos, especialmente a inmigrantes que, como yo, llegaron a este país con limitada información respecto a este tema. Este libro es una referencia importante que les ayudará a prepararse adecuadamente, a tomar mejores decisiones acordes a sus necesidades y a su situación económica."

Lina C., Colombiana,
Planeación de Eventos,
San Francisco, California

"Pensé que sería difícil de leer..."

"Pensé que sería difícil de leer, pero fue fácil de entender y cubre los puntos más importantes que se deben tomar en cuenta. Es un libro sencillo y divertido."

Carla B., Americana,
Mercadotecnia en Internet, OnlineHispanicTrends.com,
Oakton, Virginia

> **"Si no se sabe qué se debe investigar, no se tiene ni por dónde empezar"**

"Este compendio te ahorra el tener que buscar en fuentes independientes; además, te ayuda a identificar los temas que necesitas entender. Luego eso es lo más difícil, pues si no se sabe qué tema se debe investigar, no se tiene ni por dónde empezar.

El libro está muy digerible. Leerlo me tomó en realidad menos tiempo de lo que pensé. Aún los conceptos más elaborados de la compra-venta han sido explicados de manera simple y concisa. Los ejemplos ayudan mucho. Y los dibujos lo hacen ameno."

Luis O., Mexicano,
Ingeniería, Washington, D.C.

> **"Es muy útil tener este libro en español, ya que en USA hay poca literatura escrita por hispanos para hispanos. La mayoría son traducciones (algunas muy malas)"**

"Yo hubiera pensado que este era uno de tantos libros que te cuentan cómo se hace algo, y cuando los lees, no encontrás en concreto la información. A mí me aclaró muchos puntos que no entendía de cómo funciona el proceso de compra-venta. Además, no tiene términos complicados que pueden confundir al lector.

La organización y las ilustraciones ayudan a encontrar la información que el lector busca. Cada capítulo es independiente del otro, o sea que el libro puede ser leído por completo o también puede leerse sólo la parte que a uno le interese."

A. Laura S., Argentina,
Educación ESL (English as a Second Language), Arlington, Virginia

> **"Me gustó que sea un libro pensado en español y escrito en español correcto y neutral..."**

"¡Qué bueno que está escrito utilizando un vocabulario para la gente común! En otra literatura he visto que usan terminología muy elevada y uno queda con las mismas dudas o con más dudas aún.

Me gustó que sea un libro pensado en español y escrito en español correcto y neutral (sin transferencias del inglés, como por ejemplo 'la aseguranza' o 'el parqueadero' o 'la yarda')."

Hiram R., Mexicano,
Consultor, Arlington, Virginia

> **_La autora hizo un excelente trabajo al mantener consistentemente un lenguaje directo y simple, sin perder la claridad ni la atención a los detalles_**

"Es un libro muy claramente redactado. Me pareció excelente la descripción clara, concisa y detallada de todos los elementos.

La explicación detallada del formato HUD-1 me ayudó a entender los detalles técnicos del proceso de cierre y de todos los elementos que es necesario considerar.

El libro presenta el proceso de manera global, principalmente desde el punto de vista del comprador, pero también explica muy bien las responsabilidades específicas de otros participantes, como por ejemplo las del agente del comprador."

**Rafael A., Mexicano,
Consultoría, San Francisco, California**

> **_Me parecieron muy bien las expresiones en inglés y en español..._**

"Me parecieron muy bien las expresiones en inglés y en español de los términos utilizados - porque no siempre es evidente el vocabulario que se utiliza, especialmente si es la primera experiencia de compra.

Algo que me pareció genial fue el buen humor de las ilustraciones."

**Eliza G., Mexicana,
Mamá y Chef, Washington, D.C.**

> **_Realmente nunca había entendido muy bien cómo calcular los pagos a préstamos con interés variable..._**

"Para mí, el Capítulo 6 es uno de los más importantes de todo el libro. Realmente nunca había entendido muy bien cómo calcular los pagos a préstamos con interés variable y este capítulo, con el ejemplo, me aclaró muchas dudas.

Está escrito de una manera muy sencilla por una persona que tiene bastante experiencia en el mercado de bienes raíces. No podemos imaginarnos de algo, dentro de la mayoría de los procesos de compra de bienes raíces, que no se haya cubierto en este libro."

**Hugo M., Mexicano,
Director de Tecnología (IT), Clifton, Virginia**

" Logra explicar de manera simple conceptos complicados, como tasas de interés, puntos y amortización "

"El contenido es muy informativo pero simple, bien presentado y fácil de entender. Contiene tips muy concretos sobre cómo buscar y encontrar la casa ideal. Esta guía paso a paso para obtener un préstamo es fácil de entender y de seguir. Además, logra explicar de manera simple conceptos complicados, como tasas de interés, puntos y amortización.

Definitivamente recomendaría este libro porque es una excelente y muy necesaria guía para tomar una de las decisiones económicas más importantes."

Fabrice M., Francés,
Ingeniero en Sistemas Electrónicos, Washington, D.C.

" El tema de los préstamos hipotecarios puede ser muy confuso sin un ejemplo claro... "

"La lectura de los capítulos 5, 6 y 7 se me facilitó bastante gracias a los ejemplos que se incluyen. El tema de los préstamos hipotecarios puede ser muy confuso sin un ejemplo claro, sobre todo un ejemplo que resalte no sólo las ventajas de un tipo de préstamo dado, sino también las desventajas. Es importante tener estos conceptos claros antes de hablar con los prestamistas."

Benjamín R., Mexicano,
Software, Fairfax, VA

" Cómo me hubiera gustado leer este libro antes de comprar mi primera casa... "

"Lo primero que pensé al leer el libro fue 'cómo me hubiera gustado leer este libro antes de comprar mi primera casa'; pero aún no había sido publicado.

Lo que más me gustó fue la claridad con la que está escrito, además de que es muy completo puesto que cubre todos los temas más importantes relacionados con el proceso de comprar casa."

Ana S. R., Mexicana,
Sistemas, Seattle, WA

Carta Al Lector

Por qué escribí "Cómo Comprar Casa En USA"?

Cuando mi hermano y su esposa llegaron como inmigrantes legales a los Estados Unidos, recordé toda una serie de pasadas experiencias personales. Me pareció entonces que era importante y necesario transmitir a otros profesionistas inmigrantes de habla hispana mis conocimientos adquiridos en el negocio de bienes raíces, a fin de hacerles más amena su nueva forma de vida. Eso fue lo que me motivó a escribir este libro.

Este libro, ¡lo escribí para ti!

El sueño de muchas personas es tener casa propia; uno de tantos sueños dentro del famoso "sueño americano". Si no se conocen los pasos a seguir para hacer una buena compra en los Estados Unidos, todo parecerá un gran rompecabezas, un laberinto aparentemente sin salida. A través de este libro, espero compartir lo que he aprendido a través de mi profesión en bienes raíces, de experiencias propias y con la ayuda también de otros inmigrantes que, como yo, han tenido que pasar por el mismo aprendizaje.

Como ejemplo de un punto importante que se aprende al llegar a los Estados Unidos, cuando uno quiere comprar algo a crédito (en este caso una casa), desde el punto de vista del acreedor (o prestamista), es peor no tener historial de crédito que tener un historial de mal crédito. El inmigrante recién llegado no tiene historial de crédito en USA, lo cual hace las compras a crédito (así como otros trámites muy necesarios) bastante difíciles.

Interesante ¿verdad?

Este libro es diferente de otros en el mercado

Este libro incluye información específica para los profesionistas inmigrantes recién llegados a los Estados Unidos. Por ejemplo, aquí mencionamos el TIN y el SSN; el primero se refiere al número de identificación para propósito de impuestos y el segundo es el número del seguro social. Dependiendo de tu situación migratoria tendrás acceso a uno o al otro. Una vez que hayas obtenido uno de éstos números podrás empezar a crear un historial de crédito (más información de este tema en el Capítulo 2: "¿Cómo estar económicamente preparado?").

Así mismo, encontrarás ejemplos prácticos para ayudarte a comprender a fondo cómo funciona el sistema para la compra de una casa.

Decidí escribir este libro en español para que las ideas expuestas llegaran de una manera directa y clara a los profesionistas de habla hispana. Por supuesto que existen otros libros sobre el tema escritos en inglés y traducidos al español, pero generalmente al traducirlos, se pierde claridad.

¿Cómo te recomiendo que leas este libro?

Confía en que las figuras te guíen

Para que te des una idea de qué contiene este libro, te recomiendo que primero lo veas a través de las figuras que en él aparecen. Éstas te indicarán temas que seguramente serán de tu interés inicial.

Una vez que estés familiarizado con el contenido general del libro, la introducción es un resumen corto de todo el proceso de la compra de una casa. Al leerla tendrás una imagen global de lo que vendrá a continuación.

Poco a poco, conforme te adentres en el proceso de la compra de tu casa, en la primera parte "¿Cuál es el proceso de compra de una casa?", encontrarás una ampliación del resumen de la introducción, con un poco más de detalle, y con los puntos que necesitarás cubrir para empezar tu camino.

Después, te interesará aprender más a fondo lo que implica un programa de préstamo y cómo conseguir un mejor préstamo. Esto lo encontrarás en la segunda parte del libro "Información detallada de cómo se obtiene un préstamo hipotecario". Ahí verás ejemplos que podrás aplicar a tu situación particular para que puedas tomar la mejor decisión, la que sea más afín a tus necesidades.

La tercera sección "¿Cómo encontrar y comprar tu nueva casa?" trata de la manera cómo puedes encontrar tu casa ideal y de cómo navegar los detalles del contrato de compra-venta de un inmueble. Por supuesto, todo enfocado a que obtengas los términos que más te favorezcan.

Cómo evitar los 13 riesgos más comunes

Un punto muy importante es el enfoque de este libro. Lo principal es ayudarte a evitar los 13 riesgos más comunes en los que podrías caer al comprar casa en los Estados Unidos. Se podría decir que los riesgos más comunes al comprar casa en USA implica, entre otras cosas, el no estar preparado o no saber qué hacer en cada paso. Cada capítulo de este libro te ayuda a prepararte adecuadamente y a estar bien enterado para evitar caer en alguno de estos riesgos.

Visítanos

Si quieres aprender más y compartir tus comentarios y experiencias conmigo y con mi equipo de trabajo, nos puedes encontrar en www.ComprarCasaUSA.com

Mis mejores deseos para que la compra de tu casa sea todo un éxito,

Marina Brito
Marina@ComprarCasaUSA.com

Agradecimientos

Este libro no hubiera sido posible sin la ayuda de mis editores y asesores Mon y Poc.

Agradezco a mi hermano, Francisco, quien ha sido mi inspiración durante todo este proceso.

Las amenas ilustraciones son obra de Poc

Gracias también a mis clientes y amigos, que han confiado en mi consejo y que, gracias a sus preguntas, prácticamente me han dado la guía para los temas a cubrir en este libro.

También agradezco a Vicki el haberme dado la oportunidad para iniciar mi camino en bienes raíces. Y a Tom por haberme dado las herramientas y el espacio para desarrollarme dentro del mismo campo.

Especiales gracias a Goyo, mi esposo, a Chase, mi chiquito, y a toda mi familia americana por su amor, paciencia, apoyo y por haberme guiado en el aprendizaje de esta nueva cultura.

¡Muchísimas Gracias!

Un Abrazo,

Marina

Los 13 riesgos más comunes...

Se podría decir que los 13 riesgos más comunes al comprar casa en USA implica, entre otras cosas, gastar de más y no comprar la casa adecuada. Cada capítulo de este libro está enfocado a minimizar cada uno de éstos riesgos.

Primera Parte: Preparándote Para Comprar Casa

1 ¿Estás mentalmente preparado?

2 ¿Cómo estar económicamente preparado?

3 ¿Por qué te conviene contratar a un agente de bienes raíces?

4 Lo mínimo que debes saber para conseguir un préstamo hipotecario

Segunda Parte: Información detallada de cómo se obtiene un préstamo hipotecario

5 ¿Qué es un programa de préstamo hipotecario?

6 ¿Cuáles son los conceptos básicos de un préstamo hipotecario?

7 ¿Cuál es el proceso de aprobación del préstamo?

8 ¿Cómo seleccionar al mejor prestamista y el mejor programa de préstamo?

9 ¿Cuáles son los problemas más comunes al obtener un préstamo?

Tercera Parte: ¿Cómo encontrar y comprar tu nueva casa?

10 ¿Cómo encontrar tu nueva casa?

11 ¿Cómo hacer una oferta de compra que proteja tus intereses?

12 ¿Cómo cumplir con los términos del contrato?

13 ¿Cómo se cierra la transacción de compra-venta?

Tabla de contenidos

Introducción
¿Cuál es el proceso de compra de una casa?

Desde el momento en que consideras tener tu propia casa, se inicia un proceso, no solo emocional, sino también de mucho papeleo y actividad.

Por supuesto, tú querrás tener emociones agradables y el papeleo perfectamente ejecutado, a tiempo y en coordinación con las diversas actividades que habrás de cubrir.

¿Quieres comprar casa?

Este libro te ayudará a tener una buena idea de las actividades generales que normalmente se llevan a cabo para que, al final del proceso, seas el feliz dueño de una nueva casa.

¿Quieres comprar casa?

Al comprar tu casa obtendrás tanto beneficios emocionales como económicos. Sin embargo, ser dueño de una casa implica también ciertas responsabilidades que deberás considerar antes de tomar la decisión de compra. Ser dueño de una casa no es complicado, pero es bueno saber de antemano qué esperar.

- ¿Estás listo para las responsabilidades asociadas con una casa propia?
- ¿Has analizado si comprar te conviene más que alquilar algo similar?
- ¿Necesitas solicitar un préstamo para la compra de tu casa?

Al prepararte mentalmente podrás decidir si comprar casa es realmente lo que te conviene en este momento; también te ayudará a estar listo para iniciar el proceso.

Si ya decidiste que tener tu casa propia es lo que más te conviene, ahora es momento de prepararte económicamente para que tengas tus asuntos económicos en orden y puedas continuar con el siguiente paso: buscar y encontrar tu casa ideal.

El Capítulo 1 te ayudará a prepararte mentalmente para la compra de tu nueva casa.

Organiza tus finanzas

Es importante tener una idea precisa de cuánto dinero tienes disponible para la compra de tu casa

Para comprar una casa necesitas tener disponibles los medios para financiar su compra, ya sea con dinero en efectivo, por medio de un préstamo hipotecario o mediante una combinación de ambos.

Hoy en día existen muchas facilidades en el área de los préstamos. Los prestamistas ofrecen programas de préstamos hipotecarios para todo tipo de compradores: con muchos ahorros o con pocos ahorros, con sueldos altos y con sueldos no tan altos, con sueldos estables o con sueldos inestables, con buen crédito, sin crédito, con mal crédito, etc..

Dependiendo de tu situación económica, seguramente encontrarás un buen programa de préstamo que se ajuste a tus necesidades.

Lo importante es que tengas una idea precisa de cuánto dinero tienes disponible para la compra de tu casa, tanto en ahorros para la compra en sí, como en ingresos para los pagos mensuales; haz un presupuesto mensual y otro anual.

¿Qué necesitas para comprar tu casa?

Lo mejor es tener suficiente dinero disponible para cubrir los gastos de compra y para el pago inicial. Sin embargo, también existen programas de préstamo que no requieren pagos iniciales muy altos y que además te permiten incluir los gastos de la compra en el mismo préstamo.

Algo de ahorros

No importa si te decides por un programa de préstamo con amplias facilidades o si escoges un programa de préstamo más tradicional; lo más importante es que la cantidad del pago mensual del préstamo esté dentro de tus posibilidades.

Suficiente dinero
para el pago mensual

El Capítulo 2 de este libro contiene más información acerca de cómo prepararte económicamente para la compra de una casa. La segunda parte de este libro: "Información detallada de cómo se obtiene un préstamo hipotecario" cubre a detalle el tema del financiamiento.

Forma tu equipo de trabajo

Tu equipo de trabajo es muy importante

Un elemento muy importante para que la compra de tu casa sea todo un éxito consiste en tener un buen equipo de trabajo a tu disposición para que te ayude con los diferentes pasos de la compra de tu casa.

Como parte de tu equipo, considera contratar a un agente de bienes raíces *(real estate agent)* como tu agente de compras *(buyer agent)* para la búsqueda de tu casa y para las negociaciones del contrato. (Tu agente de compras también te puede ayudar a formar el resto de tu equipo de trabajo.)

Otra persona importante que deberá ser parte de tu equipo, si es que decides comprar tu casa utilizando un préstamo hipotecario, es el prestamista *(lender)*. Tu prestamista te ayudará a seleccionar el mejor préstamo de acuerdo a tu situación, además de preparar todo el papeleo para que el préstamo te sea otorgado el día que cierres el contrato de compra de tu nueva casa.

Un tercer elemento en tu equipo de trabajo será tu agente de cierre *(settlement / escrow agent)*. Esta persona será quien se encargue de realizar los trámites gubernamentales necesarios para la compra de tu casa y además, será responsable de reunir y procesar los documentos del préstamo, del contrato de compra-venta y de todos los demás documentos que formen parte de la transacción.

Durante el proceso de compra, es probable que necesites la ayuda de otros especialistas. Estos serán —entre otros— inspectores, valuadores y agentes de seguros. Tu agente de bienes raíces, tu prestamista y tu agente de cierre estarán dispuestos a proporcionarte los datos de personas confiables y bien capacitadas que te ayudarán durante las diferentes fases de la compra de tu propiedad.

Los Capítulos 3 y 4 de este libro contienen detalles importantes para ayudarte a conseguir el mejor agente de compras y al prestamista, respectivamente.

Encuentra tu casa ideal

Busca bien para encontrar tu casa ideal

Una vez que tengas bien claro cuánto puedes gastar y cuánto tienes disponible para comprar tu nueva casa, empieza a buscar –de preferencia junto con tu agente de compras– la casa que mejor satisfaga tus necesidades.

Si sabes bien lo que buscas y si eres realista en lo que hay disponible en el mercado de bienes raíces, en poco tiempo encontrarás una buena casa que cubra tus requisitos.

Define las características básicas de tu búsqueda:

- Departamento, casa urbana *(rowhouse)*, casa suburbana *(townhouse)*, o casa sola *(single family detached)*
- Número y tipo de habitaciones (recámaras, baños, cochera)

- Zona donde quieres vivir (cerca de tu trabajo, de tus amigos y familia, etc.)
- Vías de comunicación (tomando en cuenta autopistas, metro, horas pico, etc.)
- Servicios de apoyo (como escuelas, centros comerciales, aeropuerto, etc.)

Encuentra más información acerca de cómo buscar tu casa en el Capítulo 10.

Haz una oferta de compra

Ya que encontraste la casa que quieres comprar, haz una oferta de compra ¡lo más pronto posible! Porque probablemente haya otros compradores que también estén interesados. Mientras más pronto hagas una buena oferta, mejores oportunidades tendrás de que tu oferta sea aceptada.

¡No firmes nada sin consultar a tu agente o abogado!

Al hacer una oferta de compra, es recomendable que, si no has contratado un agente de bienes raíces que te ayude a proteger tus intereses (un agente de compras), contrates a un abogado especializado en bienes raíces *(real estate attorney)* para que te explique las obligaciones y derechos del contrato de compra-venta.

Dentro de la oferta tendrás la opción de poner condiciones que, en caso de que no llegaran a cumplirse satisfactoriamente, te darán la oportunidad de cancelar el contrato sin penalizaciones o multas. Antes de firmar, asegúrate de comprender a fondo todos los términos del contrato, así como la manera en que cada término pudiera afectarte.

El Capítulo 11 de este libro toca a fondo el tema de cómo preparar la mejor oferta de compra para tu situación particular.

Cumple con los términos del contrato de compra-venta

El contrato de compra-venta es tu mejor aliado

Después de que tu oferta de compra sea aceptada por el dueño actual de la propiedad, deberás seguir el contrato al pie de la letra para así cumplir con todos los requisitos. Algunos de estos requisitos tendrán que ver con el financiamiento de la compra. Si te preparaste bien en el ámbito económico antes de hacer la oferta, no te sorprenderá ninguno de estos requisitos (y lo más seguro es que ya hayas cumplido con la mayoría de ellos).

Otros términos del contrato, como serían las condiciones que hayas incluido en la oferta, te permitirán hacer inspecciones de la propiedad, asegurándote así que no existan problemas mayores que te impidan concluir la transacción. Generalmente, las condiciones tienen fechas límite y requieren ciertos documentos y maneras específicas respecto a cómo mantener informada a la otra parte; también esto hay que cumplirlo al pie de la letra.

Deberá quedarte claro que tú eres directamente responsable de que algunos requisitos se lleven a cabo. También tendrás que estar muy al pendiente de otros detalles y requisitos que otras personas estén cubriendo por ti. Por ejemplo, si solicitaste un préstamo, el dinero debe estar disponible el día del cierre de la transacción. Tu prestamista debe tener todo bajo control, pero tú sigues siendo el responsable directo de que el dinero esté listo a tiempo.

De la misma manera, hay otros procesos relacionados con el contrato que están a cargo del agente de cierre o de otros especialistas. Sin embargo, a fin de cuentas, tú eres el único responsable de que todo esté listo y a tiempo. Esta es la única forma de que te evites contrariedades y la posible pérdida de tu dinero y hasta de la casa que quieres comprar. Tu agente de bienes raíces está de tu lado y te ayudará a darle seguimiento al contrato para que todo salga a tiempo y para que llegues al cierre de la transacción lo más tranquilamente posible y sin tropiezos.

Revisa el Capítulo 12 para asegurarte de que estás cubriendo bien todas tus responsabilidades dentro del contrato de compra-venta.

Cierra la transacción

¡Por fin cerramos la transacción!

En algunas partes de USA el cierre de la transacción se realiza en dos lugares distintos y a tiempos distintos. Cada una de las partes tiene su propio agente de cierre y realizará la firma del papeleo que le corresponda en forma totalmente independiente; es decir, cada uno por separado. Cada agente de cierre recibe la documentación y el papeleo de su cliente para salvaguardarlo y procesarlo.

A la acción por parte de un agente de cierre de salvaguardar y procesar el papeleo de un cliente se le conoce como cierre por medio de un fideicomiso o garantía de cumplimiento *(escrow closing)*.

En otras partes de USA el cierre de la transacción es un evento en el que las partes se reúnen al mismo tiempo y en el mismo lugar, generalmente en las oficinas del agente de cierre (quien procesó el papeleo de ambos clientes), para firmar los documentos necesarios. Allí mismo se hacen algunas negociaciones finales menores y se intercambian llaves y felicitaciones.

Tú, como comprador, asistirás al cierre de la compra de tu nueva casa para firmar documentos, especialmente los relacionados con el préstamo.

Un par de días más tarde, una vez que el dinero de la compra haya llegado a su destino final y que las escrituras de tu nueva casa hayan quedado registradas a tu nombre en el Registro Público de la Propiedad de tu localidad, podrás celebrar y disfrutar tu nueva adquisición.

El Capítulo 13 de este libro amplía la información correspondiente al cierre de la transacción.

Primera Parte: Preparándote Para Comprar Casa

1   ¿Estás mentalmente preparado?

2   ¿Cómo estar económicamente preparado?

3   ¿Por qué te conviene contratar a un agente de bienes raíces?

4   Lo mínimo que debes saber para conseguir un préstamo hipotecario

Capítulo 1
¿Estás mentalmente preparado?

Muchos tenemos la ilusión de comprar una casa, tanto por los beneficios que se obtienen como por las satisfacciones que el ser dueño de una casa implica.

Lo primero que querrás preguntarte es si éste es el momento adecuado para comprar tu nueva casa o si es mejor esperar un poco y seguir alquilando.

Una vez que hayas decidido comprar, habrá que considerar la posibilidad de pedir un préstamo hipotecario.

Al prepararte mentalmente, estarás más consciente de cómo el comprar casa afectará tu vida.

Beneficios y responsabilidades

¡Por fin tengo mi propia casa!

El beneficio emocional es uno de los principales beneficios que obtienes al comprar una casa.

Para la mayoría de nosotros, cuando pensamos en adquirir una casa es muy importante sentirnos dueños de algo, sentir que ¡por fin! tendremos independencia y de que, por el hecho de poder contar con casa propia, estaremos gozando de cierta estabilidad económica.

Es posible que lo que quieras sea enriquecer tu estilo de vida. Esto te llevará a buscar espacios más grandes –o más pequeños– que se ajusten a tus necesidades familiares, ya sea porque llegue un nuevo miembro a la familia o porque tus hijos hayan crecido y ya no sea necesario que vivan en la casa familiar.

Antes de adquirir una nueva casa, piensa también en qué tan conveniente sería poder vivir cerca del lugar donde trabajan tanto tú, como las otras personas que viven contigo.

Otra cosa igual de importante es que tal vez prefieras diseñar y decorar tu propia casa; por supuesto que esto trae consigo ¡una gran satisfacción personal!

Por otro lado, tener casa propia implica adquirir responsabilidades adicionales, como por ejemplo mantenerla con todos sus sistemas funcionales y enseres en buen estado.

Cuando uno está alquilando, el dueño se encarga de todas o de la mayoría de las reparaciones –grandes o pequeñas– además de casi todos los gastos relacionados con dichas reparaciones. El inquilino simplemente paga la renta una vez al mes y llama al dueño o administrador para reportar cualquier problema y solicitar una reparación.

¡Uf! Pero después, la satisfacción de que todo quedó muy bien

Al tener casa propia, cualquier incidente que requiera reparación tendrá que ser solucionado y pagado por uno mismo.

Otra de las responsabilidades consiste en que ahora habrá que hacer varios pagos adicionales y no simplemente un solo pago (el del alquiler). El dueño de una propiedad debe pagar, entre otras cosas: impuestos sobre la propiedad, el pago mensual del préstamo, la cuota a la asociación de propietarios, etc.. El tener más pagos no significa que el total vaya a ser necesariamente mayor al del alquiler; lo que sí quiere decir es que habrá que estar consciente de las fechas en las que se tendrán que hacer los diferentes pagos, en lugar de enfocarse sólo a la del pago del alquiler.

¿Comprar o alquilar?

Para poder decidir si comprar una casa te beneficia económicamente, conviene, primero, analizar lo siguiente:

¿Cuánto tiempo piensas ser dueño de la casa?

Si estás pagando alquiler pero piensas que sería mejor comprar una casa, ¿no crees que sería conveniente hacer algunos cálculos para que sepas en qué forma tu situación económica podría verse afectada con la compra de una nueva casa?

¿Cuánto tiempo piensas vivir en la casa? Sin duda podrás así decidir más fácilmente, si lo más adecuado a tus necesidades de vivienda a corto plazo es alquilar, o si lo mejor es comprar tu propia casa cuanto antes.

Algunas personas deciden posponer la compra de una casa por razones muy válidas. Por ejemplo, en ciertas áreas de USA los precios de las propiedades son tan altos, que comprar casa no constituye un ahorro, en comparación con el costo del alquiler o renta de una propiedad equivalente.

Si necesitas ayuda, busca el consejo de los expertos en bienes raíces para que te asesoren durante el proceso.

Un agente vendedor de bienes raíces te podrá poner en contacto con un prestamista confiable y también podrá ayudarte a conocer los tipos de vivienda y sus precios para que te familiarices con el tipo de propiedades disponibles en tu área.

El prestamista te podrá ayudar directamente con el cálculo de los pagos mensuales de un préstamo hipotecario y a compararlos con tus gastos de vivienda actuales.

Compara directamente los gastos del alquiler y de la compra

Si actualmente estás pagando renta, los expertos recomiendan seguir alquilando si es que el alquiler está cuando menos un 35% más abajo de los costos asociados con la casa que se quiere comprar; es decir, que habrá que tomar en cuenta, por ejemplo, cuánto se va a pagar por:

- el préstamo hipotecario,
- los impuestos sobre la propiedad,
- el seguro contra siniestros,

- las cuotas a la asociación de propietarios y
- las reparaciones, entre otras cosas.

Compara los gastos del alquiler con los de ser propietario

Compara los gastos del alquiler y los gastos como propietario (al mes) (en dólares americanos)

Gastos del alquiler	$1,200
Gastos como propietario menos el 35%	$1,550 – $ 543 $1,007

En este caso es recomendable comprar, puesto que los gastos mensuales como propietario menos el 35%, son menores al gasto del alquiler mensual.

Tiempo de residencia en la casa

Un aspecto muy importante que conviene considerar es el tiempo que piensas vivir en la nueva casa, ya que los altos costos generados al momento de comprar una casa se van diluyendo mientras mayor sea el tiempo de residencia en la misma.

No se recomienda vender durante los primeros años después de haber comprado una propiedad, puesto que los gastos de compra-venta pueden ser mayores que el aumento del valor de la propiedad. Esto te ocasionaría una lamentable pérdida de dinero.

Gastos de compra-
venta de una casa

Ejemplo muy simplificado de gastos de compra–venta de una casa de $100,000 (en dólares americanos)

Gastos de compra	$ 5,000
Gastos de venta (futuro)	+ $ 6,000
Reparaciones	+ $ 1,000
TOTAL	$12,000

Lo ideal sería esperar a vender la casa hasta que ésta haya aumentado de valor cuando menos $12,000 para que queden cubiertos los gastos de compra–venta.

Ahorro en el pago de impuestos

Otro de los aspectos que es recomendable tomar en cuenta para decidir si te conviene más comprar o alquilar, es el posible ahorro en el pago de impuestos.

¿Sabías que el interés que pagas como parte del préstamo hipotecario, en ciertos casos se puede deducir de la base gravable de tu ingreso? (Podrías ahorrarte el pago de algunos impuestos.)

El Código del Impuesto Federal sobre el Ingreso *(Internal Revenue Code)* permite deducciones de impuestos para el contribuyente. Dependiendo de su situación personal, el contribuyente podrá desglosar sus deducciones *(itemized deductions)* si éstas son mayores que la cantidad de la deducción estándar *(standard deduction)* establecida en el Código. En el caso de la compra de una casa, muchas personas, al desglosar sus deducciones, incluyen el interés hipotecario que pagaron durante el año; de esta forma disminuyen los impuestos que pagan sobre el ingreso.

Si quieres obtener más información sobre los impuestos relacionados con bienes raíces, puedes consultar la página del IRS *(Internal Revenue Service)* en internet: http://www.irs.gov/espanol, o puedes llamar al teléfono 1-800-TAX FORM (1-800-829-3676).

Las siguientes publicaciones del IRS (disponibles en su sitio Internet o llamando al teléfono anterior) contienen información detallada acerca del pago de impuestos relacionados con la compra, venta y financiamiento de una vivienda:

- Publicación # 936 Home Mortgage Interest Deduction *(Deducción de interés hipotecario* – parcialmente disponible en español.)
- Publicación # 523, Selling Your Home
- Publicación # 527, Residential Rental Property
- Publicación # 530, Tax Information for First-Time Homeowners

El cálculo de impuestos es complicado y muy específico para cada contribuyente. Asesórate con un contador público *(certified public accountant–CPA)* o un agente tributario *(tax preparer)* para que te ayude a decidir si, fiscalmente, te conviene comprar una casa.

Ahorro en el pago de impuestos

Ejemplo simplificado del ahorro que puedes obtener en el pago de impuestos (en dólares americanos, se utilizan los lineamientos del IRS del año 2008)

Para una pareja joven, casada y sin hijos, cuyos ingresos anuales suman $45,000, y que presenta una sola declaración de impuestos para los dos (declaración conjunta):
Estamos suponiendo que alquilan y que utilizan la deducción estándar *(standard deduction)* que sería de $10,900, pagando impuestos por $4,309 dólares.

Ingresos anuales conjuntos:	$ 45,000
Deducción estándar:	$ 10,900
IMPUESTOS A PAGAR:	$ 4,309

Si esta misma pareja comprara una casa y obtuviera una hipoteca por la que pagara de interés $13,000 dólares el primer año y utilizara la deducción desglosada *(itemized deductions)*, pagaría $4,001 dólares de impuestos (o menos aún, si la deducción detallada incluyera otros gastos además del interés hipotecario):

Ingresos anuales conjuntos	$ 45,000
Deducción detallada:	$ 13,000
IMPUESTOS A PAGAR:	$ 4,001
AHORRO ANUAL:	$ 308

Comprar una casa podría ahorrarles $308 o más al año en impuestos.

La vivienda como inversión a largo plazo

Si el valor de la propiedad aumenta cuando menos al mismo paso que la inflación y al vender tu propiedad obtienes una ganancia, puedes considerar que, al comprar, hiciste una buena inversión.

Además de la posibilidad de obtener una ganancia al vender tu casa, el Código del Impuesto Federal te permite excluir de impuestos hasta $250,000 dólares en ganancias por la venta de tu casa, por persona, siempre y cuando se cumplan ciertos requisitos, como por ejemplo (entre otros):

Con buena semilla y buen abono... es una buena inversión

- Haber vivido en la casa – y ser dueño de ella – cuando menos 2 años de los últimos 5 años.
- Dejar pasar un plazo de 2 años entre la venta de una casa y la siguiente, si es que las ganancias de la venta de la primera se excluyeron de impuestos.

En el caso de que, conjuntamente, la pareja sea dueña de una propiedad, la cantidad a excluir puede ser de hasta $500,000 dólares.

Asegúrate de leer los detalles en la Publicación # 523, Selling Your Home *(Vendiendo Tu Casa)* para que veas si puedes excluir tus ganancias de los impuestos.

Cómo reducir, de la base gravable, la ganancia en la venta de una casa propia

Ejemplo de las reglas para reducir, de la base gravable, la ganancia en la venta de una casa propia (en dólares americanos)

1) El 15 de septiembre del 2006 compras tu casa por $100,000 pero no empiezas a vivir en ella sino hasta el 5 de mayo del 2008.

2) Si vendes tu casa por $500,000 después del 5 de mayo del 2010 (dos años después de haber empezado a vivir en ella) pero antes del 5 de mayo del 2013 (dentro de los últimos cinco años), podrías excluir de impuestos hasta $250,000 en ganancias:

Precio de Venta	$500,000
Precio de Compra	– $100,000
GANANCIA	$400,000

Si cumples con todos los requisitos, podrías excluir de impuestos $250,000 de la ganancia total de $400,000 y sólo pagar impuestos sobre los $150,000 restantes.

Si estás casado, y los dos cumplen con todos los requisitos, podrían excluir de impuestos la ganancia total de $400,000.

Asesórate con un especialista en impuestos para que te ayude a decidir si al vender tu casa, tu ganancia podría quedar libre de impuestos.

¿Piensas obtener un préstamo?

Pago en efectivo

Si piensas pagar la compra de la casa de contado, ¡felicidades! serás uno de los muy pocos que tienen suficientes ahorros como para comprar una casa sin tener que obtener un préstamo. Uno de los beneficios de pagar al contado es que el proceso de compra será más sencillo y te dará ventajas sobre otros compradores que requieran de un préstamo.

Por otro lado, aunque puedas pagar la casa de contado, al obtener un préstamo hipotecario podrías también obtener beneficios fiscales. Además, tendrías la posibilidad de invertir tu dinero en un instrumento de inversión que te ofrezca mayor liquidez (acceso fácil y rápido a tu dinero) y posiblemente una mejor ganancia. Considera la posibilidad de hacer un pago inicial alto y obtener un préstamo hipotecario para cubrir el resto de la compra.

Préstamo hipotecario

En lugar de comprar la casa de contado, la mayoría de los compradores hacen un pago inicial y obtienen un préstamo hipotecario para pagar el resto.

Un buen préstamo hipotecario te permitirá comprar un bien inmueble por medio de pagos mensuales durante un plazo relativamente largo (15 ó 30 años). Al final de este plazo, habrás terminado de pagar el préstamo y serás el feliz dueño de la propiedad.

Para obtener un préstamo hipotecario se necesita tener un prestamista que te otorgue el préstamo. Para esto, el prestamista verificará que tengas una fuente de ingresos estable, algo de ahorros para el pago de los costos de cierre y del pago inicial y, de preferencia, un buen historial de crédito.

Una vez que hayas decidido obtener un préstamo, el primer paso es prepararte económicamente para poder obtener el mejor préstamo posible. El segundo paso será ponerte en contacto hasta con tres prestamistas o corredores de préstamos hipotecarios para que obtengas una precalificación y, más tarde, una aprobación formal.

Capítulo 2 ¿Cómo estar económicamente preparado?

¿Cuánto te va a costar comprar una casa?

¿Cómo voy a utilizar mi dinero?

A corto plazo, parte de tu dinero lo vas a utilizar en el pago inicial y en los gastos de cierre. Tus gastos serán más bajos si planeas dar una cantidad mínima como pago inicial e incluir tus gastos de cierre en el préstamo. Por otro lado, si piensas comprar tu casa de contado, obviamente tu pago inicial será del 100% del precio de venta de la casa y, aunque los gastos de cierre sean más bajos (puesto que no has solicitado un préstamo), tu desembolso a corto plazo será bastante significativo.

Durante el tiempo que seas dueño de la casa, tu gasto principal será el pago mensual de la hipoteca y otros pagos relacionados con ésta. Tu pago mensual será más bajo si das un pago inicial alto al momento de la compra y si al mismo tiempo pagas los gastos de cierre. Si por el contrario, das un pago inicial mínimo e incluyes los gastos de cierre en tu préstamo, tu pago mensual de la hipoteca será más alto.

El pago inicial *(down payment)*

Para obtener un préstamo se requiere que, de tu bolsillo, hagas un pago inicial. El pago inicial se calcula como un porcentaje del precio de venta de la casa.

Ejemplo del pago inicial

Ejemplo del pago inicial tomando como base un porcentaje del precio de venta de la propiedad (en dólares americanos)

Precio de venta de la casa:			$100,000
Pago inicial del:	20%	=	$ 20,000
	10%	=	$ 10,000
	5%	=	$ 5,000
	3.5%	=	$ 3,500

Los programas de préstamo que te podrán ofrecer dependerán de cuánto dinero tengas para el pago inicial. Generalmente, con un pago inicial de cuando menos el 20%, obtendrás más opciones de programas de préstamo.

Los gastos de cierre

Además del dinero necesario para el pago inicial, también necesitarás una cierta cantidad para cubrir los gastos de cierre.

Según los cálculos generales, los gastos de cierre son del 1% al 3% del valor de la propiedad aunque, dependiendo de tu situación particular, los gastos de cierre de tu transacción pudieran aumentar hasta un 10% del valor de la propiedad.

Los gastos de cierre incluyen los honorarios de los diferentes profesionales que estén involucrados en la compra de tu casa, como serían (entre otros) los del prestamista, los del valuador (quien hace el avalúo de la propiedad), los del agente de cierre, los de los inspectores, etc.. También tendrás que pagar impuestos y tarifas de registro al gobierno local, así como ciertos cargos y pagos por adelantado relacionados directa e indirectamente con el préstamo.

Ejemplo de los gastos de cierre

Ejemplo simplificado de gastos de cierre para la compra de una casa de $100,000 (en dólares americanos)

CONCEPTO	PORCENTAJE DEL PRECIO		CANTIDAD
Honorarios del prestamista	1.5%		$1,500
Honorarios de los demás profesionales	0.7%	+	$ 700
Tarifas e impuestos gubernamentales	0.3%	+	$ 300
Pagos por adelantado	0.5%	+	$ 500
TOTAL DE GASTOS	3.0%		$3,000

Más adelante, cuando estés listo para solicitar el préstamo, el prestamista que selecciones tendrá la obligación de hacer un estimado de gastos de cierre. Este estimado te dará una idea más apegada a la realidad de cuánto vas a tener que pagar en gastos de cierre y por qué concepto.

El pago mensual

La cantidad que vayas a pagar cada mes para cubrir el pago de la hipoteca, así como ciertos pagos por adelantado que tu prestamista requiera (como el del impuesto sobre la propiedad y el de la prima del seguro contra siniestros), constituirán tu pago mensual.

Otras cuotas, como la de la asociación de propietarios, generalmente se pagan por separado pero, para propósitos de planeación de tu presupuesto, podrías considerarlas como parte de tu pago mensual.

Mi recordatorio de pago mensual

Si además quieres ahorrar para las reparaciones de la casa

que surjan más adelante, lo mejor es abrir una cuenta de ahorros en la que mensualmente deposites pequeñas cantidades que te servirán para esas posibles reparaciones.

Ejemplo de pagos mensuales

Ejemplo simplificado de pagos mensuales al comprar una casa (en dólares americanos)		
Préstamo hipotecario		$1,100
Impuestos	+	$ 200
Prima del seguro	+	$ 50
Cuota de la asociación	+	$ 100
Reparaciones	+	$ 100
TOTAL		$1,550

Haz un registro de cuánto dinero ganas, cuánto gastas y cuánto tienes ahorrado

Ahora que sabes cuánto te va a costar la compra de una casa, haz un registro de cuánto tienes ahorrado, cuánto ganas al mes (tus ingresos) y cuánto gastas al mes (tanto en gastos de manutención como en otras deudas). Este registro te dará una idea más clara de tu situación económica y entonces podrás decidir cuánto quieres invertir en la compra de tu casa, tanto a corto plazo (es decir, el pago inicial y los gastos de cierre), como a largo plazo (los pagos mensuales).

Los ahorros y fondos disponibles

Tus ahorros para el retiro podrían servir para el enganche

Para obtener un préstamo tendrás que comprobar que cuentas con fondos monetarios suficientes para cubrir el pago inicial y los gastos de cierre. Este dinero debe provenir directamente de tu cuenta bancaria o de tus inversiones y debe aparecer en el estado de cuenta correspondiente cuando menos tres meses antes de tu solicitud del préstamo.

Si no tienes suficiente dinero en tu cuenta de ahorros o de cheques para un pago inicial, investiga si puedes obtener dinero de alguna otra manera (que no sea a través de un prestamista). Por ejemplo:

De tus cuentas de ahorro para el retiro

Si tienes cuentas de ahorro para el retiro (como "IRA", "401(k)" ó "403(b)"), consulta con tu asesor financiero para ver si es posible retirar parte del dinero con el fin de dar un pago inicial para una casa, sin que esto ocasione cargos extra ni penalizaciones para ti. Ten cuidado y no retires ningún dinero de dichas cuentas hasta que estés seguro de las consecuencias que esto pueda tener (consecuencias como cargos extra, impuestos, penalizaciones, etc.).

Regalos de tus familiares y amigos

Pregúntale a tu prestamista si puedes hacer uso de alguna de estas opciones

Tal vez tus papás, tus hijos, tus hermanos o algún otro familiar quiera ayudarte a comprar tu casa y te regale algo de dinero. De acuerdo con la ley del Código Interno del Ingreso del 2009 (www.irs.gov) cada individuo puede regalarle a otro individuo hasta US$13,000 sin tener que pagar impuestos sobre el regalo. Si estás casado y piensas comprar la casa a nombre de los dos, cada familiar puede regalarle US$13,000 a cada uno de ustedes sin tener que pagar impuestos sobre el regalo. En este caso, los prestamistas querrán ver que el dinero haya estado en tu cuenta cuando menos durante 3 meses para que se pueda considerar como tuyo. Otra opción es que la persona que te haya prometido un regalo en efectivo escriba una carta en donde especifique que te va a regalar ese dinero. Tendrás que platicar con tu prestamista para ver qué opciones tienes con respecto a recibir regalos en efectivo por parte de tus familiares o amigos.

Programas de asistencia para compradores primerizos y de bajos recursos

La mayoría de los Condados y Estados ofrecen programas de asistencia para compradores primerizos (en algunos casos, un "comprador primerizo" es un comprador que no ha sido dueño de una casa durante los últimos 3 años). Estos programas fueron creados para que la gente de bajos y medianos recursos que trabaja o vive en algún Condado pueda comprar una casa en esa misma área. La oficina de vivienda de tu Condado debe tener más información acerca de los programas disponibles y de sus requisitos.

Programas de asistencia de instituciones caritativas

Asegúrate que las compañías y sus programas sean legítimos

También existen instituciones de interés social (*non-profit*) que se dedican a ayudar a compradores (primerizos o no) por medio de donativos o préstamos muy flexibles. Algunas instituciones tienen sus propios fondos de inversión y de ahí prestan o donan el dinero para ayudar a los compradores que lo necesitan.

Los ingresos mensuales brutos

Haz un registro de cuáles son tus ingresos mensuales (antes del pago de impuestos sobre el ingreso); es decir, de tu salario o de las ganancias de tu negocio. Si tienes varios trabajos o negocios, asegúrate de anotar todos tus ingresos. También incluye los bonos y repartos de utilidades anuales que recibes.

Otro tipo de ingresos (que también hay que registrar) son los intereses y dividendos que recibes por tus inversiones en cuentas de ahorros o en la bolsa de valores.

Las deudas mensuales

¿Qué deudas tienes que pagar cada mes? Por ejemplo, el préstamo de uno o de varios automóviles, el pago mensual de las tarjetas de crédito, lo que debes a tu escuela por el préstamo de estudiante, alguna deuda personal, etc. Si pediste un préstamo para tu negocio que garantizaste personalmente, es posible que tu prestamista considere esa deuda como parte de tus otras deudas personales.

Haz un registro de todos tus ingresos

Los otros gastos

¿Qué otros gastos, además de las deudas, tienes cada mes? Por ahora, excluye los gastos del alquiler, pero incluye todos los demás gastos; como por ejemplo: los impuestos sobre el ingreso, la comida, la escuela, el transporte, los servicios (agua, gas, electricidad, teléfono), la recreación y los depósitos mensuales que hagas a tus cuentas de ahorros.

Decide cuánto quieres gastar en la compra de tu nueva casa

Una vez que hayas registrado cuánto tienes ahorrado, cuánto recibes y cuánto gastas al mes, podrás ver más claramente cuánto puedes invertir en la compra de tu nueva casa.

De la suma de tus ahorros podrás ver cuánto tienes disponible para dar el pago inicial y para cubrir los gastos de cierre.

De tus ingresos mensuales brutos (antes del pago de los impuestos), una vez que le restes tus deudas y tus otros gastos del mes, podrás ver cuánto te queda disponible para el pago mensual de tu nueva casa.

Le recorto aquí, le ajusto acá...

En este momento tal vez querrás revisar la lista de tus gastos y ajustar tu futuro presupuesto para tener un poco más de dinero para el pago mensual de tu nueva casa. También recuerda (como vimos en el Capítulo 1 "¿Estás Mentalmente

Preparado?") que al comprar una casa es posible obtener un beneficio fiscal ahorrando así en el pago de los impuestos sobre tu ingreso.

Cálculo del precio de compra de una propiedad

Cálculo del precio de compra de una propiedad basado en las cantidades disponibles para el pago mensual y el pago inicial (en dólares americanos)	
Cantidad disponible para el pago mensual	$ 700
Tasa de interés del préstamo	7% anual
Número de meses del período del préstamo	360 (30 años)
CÁLCULO DEL CAPITAL (la cantidad del préstamo)	$ 105,215
Cantidad disponible para el pago inicial (aprox. 20%)	+ $ 22,000
PRECIO DE COMPRA DE LA PROPIEDAD	$ 127,215

¿Cuánto te pueden prestar?

En el mundo de los préstamos es bien sabido que una cosa es cuánto te pueden prestar y otra es cuánto quisieras que te prestaran. Ahora que tienes una buena idea de cuánto quieres gastar en la compra de tu casa, es momento de ver tu situación económica desde el punto de vista de un prestamista.

Los prestamistas revisan tu situación económica a grandes rasgos por medio de una precalificación.

La precalificación

Yo le calculo que el préstamo podría ser de… mmmh…

En el proceso de precalificación, el prestamista determina de manera informal el monto máximo aproximado del préstamo que podrás solicitar.

Para la precalificación, el prestamista te pedirá información relacionada con tus ingresos, ahorros y deudas.

El registro mensual que hiciste te será de utilidad una vez más. También te pedirá tu número de seguro social (*Social Security Number–SSN*) o tu número de identificación de impuestos (*Tax ID–TIN*) para investigar tu puntaje de crédito en una o en varias de las agencias de crédito más importantes. (El puntaje de crédito se calcula basado en tu historial de crédito, que es el registro público de tus deudas y de los pagos que hayas hecho en los últimos años.)

El prestamista te pedirá información de tus ingresos, ahorros y deudas

Ejemplo de la información que te pedirá el prestamista
(en dólares americanos)

A) Ingresos Mensuales Brutos:
Salario # 1 $3,000
Salario # 2   + $1,000
TOTAL de Ingresos $4,000

B) TOTAL de Ahorros: $5,000

C) Deudas Mensuales:
Auto $ 350
Tarjeta de Crédito   + $ 300
Otros   + $ 100
TOTAL de Deudas $ 750

Durante la precalificación, pregunta cuáles son las tasas de interés que el prestamista puede ofrecerte, así como los costos de los diferentes servicios que el prestamista te proporcionará, para más adelante poder comparar con lo que te ofrezcan otros prestamistas.

La precalificación no debe obligarte a trabajar exclusivamente con un determinado prestamista, ni a obtener el préstamo con ese prestamista en particular.

La relación deuda-ingresos

No siempre "arriba" es lo mejor

Uno de los criterios que los prestamistas hipotecarios utilizan para calcular la cantidad de tu préstamo es la relación entre tus deudas mensuales y tus ingresos mensuales brutos (antes de impuestos).

Los porcentajes cambian un poco, pero en general los prestamistas hipotecarios se basan en la recomendación de la Administración Federal de la Vivienda, la *FHA (Federal Housing Administration)*, que para el 2009, dice que el porcentaje de los pagos mensuales totales de tus deudas (incluyendo el pago del préstamo hipotecario) debe ser menor o igual al 43% de tus ingresos mensuales brutos, y que el pago al préstamo hipotecario debe ser menor o igual al 31% de tus ingresos mensuales brutos. Sin embargo, en algunos casos, los porcentajes pueden ser de hasta el 56% y el 46%, respectivamente.

Relación deuda–
ingresos

Relación deuda–ingresos

(en dólares americanos)

Usando la información del cuadro anterior, un comprador con ingresos mensuales brutos (antes de impuestos) de $4,000, con deudas mensuales de $750

Ingresos Mensuales Brutos	$4,000
(31% de sus ingresos para sus gastos de vivienda)	x .31
Cantidad máxima para el pago mensual	$1,240

Sin embargo, el 43% de sus ingresos mensuales brutos	$4,000
para el pago de todas las deudas,	x .43
incluyendo la hipoteca es	$1,720
Le restamos sus deudas mensuales	– $ 750
	$ 970

Como se debe tomar la cantidad menor de los dos cálculos,
EL PAGO MENSUAL MÁXIMO
PARA SUS GASTOS DE VIVIENDA ES $ 970

Bajo las recomendaciones de la *FHA* en el 2009, los gastos de vivienda de este comprador no deberán exceder los $970 al mes. (Recuerda que el pago mensual de vivienda total incluye el pago del préstamo hipotecario, los impuestos sobre la propiedad, el seguro contra siniestros y algún otro cargo a la asociación de propietarios.)

Si este comprador no tuviera ninguna deuda al momento de solicitar el préstamo hipotecario, bajo las recomendaciones de la *FHA*, sus gastos de vivienda podrían ser hasta de $1,240 al mes.

Esta relación deuda-ingresos es una de las razones por las que, si es posible, es recomendable liquidar los saldos existentes en tus cuentas de crédito y no endeudarte más comprando autos, muebles, etc., ni obtener más tarjetas de crédito sino hasta después de la compra de tu propiedad o bien, hasta que tus ingresos aumenten.

El pago inicial

Estos son los ahorros para el pago inicial

Como parte de la precalificación, el prestamista revisará cuánto dinero tienes disponible para el pago inicial. Una vez que el prestamista tenga la información de tus fondos monetarios disponibles, de tu relación deuda-ingresos y de tu historial de crédito, él podrá decidir, de manera preliminar, cuáles son los programas de préstamo que puede ofrecerte. Dependiendo de tu situación económica y de los programas de préstamo hipotecarios que el prestamista tenga disponibles, ahora será el momento de reajustar la cantidad del pago inicial que quieras invertir en la compra de tu casa antes de hacer la selección final del préstamo.

El historial de crédito

Si tienes problemas con tu crédito, consulta el Capítulo 9

Uno de los elementos más importantes para la obtención de un préstamo es tu historial de crédito. El prestamista hará una investigación de tu historial de crédito en una o en varias de las agencias que se dedican a reunir información crediticia de individuos. Cada una de estas agencias calcula un puntaje de crédito basado en el historial. Mientras mejor sea tu historial de crédito, más alto será tu puntaje.

Si tu puntaje de crédito es bueno, el prestamista podrá ofrecerte una gran variedad de programas de préstamo con amplias facilidades, y te dará mayor flexibilidad en el cumplimiento de algunos de los requisitos para obtener el préstamo.

Revisa tu historial de crédito con anticipación

Los expertos recomiendan que revises tu historial de crédito cuando menos una vez al año para asegurarte que la información de tu historial sea la correcta y para evitar contratiempos cuando decidas solicitar un préstamo.

Revisa tu historial de crédito regularmente

Para conseguir tu informe en forma gratuita visita
www.annualcreditreport.com o llama al 1-877-322-8228.
Ahí recibirás un informe con datos proveniente de las tres agencias de crédito: Equifax, Experian, y TransUnion.
Ten cuidado de no llamar a cada agencia de crédito por separado pues podrían cobrarte por cada informe. Estas tres agencias se han comprometido a dar una copia de tu historial de crédito al año en forma gratuita, siempre y cuando se haga a través de la dirección y del teléfono anteriormente citado.

¿Qué es tu historial de crédito?

Para que no te tome por sorpresa, consigue y revisa tu historial de crédito con anticipación

Tu historial de crédito contiene un recuento de las deudas que has contraído y si las has pagado a tiempo. También contiene información acerca de los servicios que has contratado como: agua, electricidad, teléfono, y si los has pagado a tiempo. Así mismo, encontrarás información de si te has declarado en quiebra o en bancarrota.

Este recuento tan detallado sirve para que, en el futuro, quien quiera prestarte dinero, ofrecerte un empleo, alquilarte una vivienda u otorgarte un seguro sepa qué tipo de deudor eres y qué tipo de servicio puede ofrecerte basándose en tu historial.

Actualmente, las tres agencias de crédito más grandes que se dedican a recopilar la información de cada individuo por medio de los miles de prestamistas del País son las ya mencionadas: Equifax, Experian y TransUnion. Cada agencia expide un reporte con tu historial de crédito con información de, cuando menos, los últimos 7 a 10 años.

Recuerda que revisar tu historial te permitirá acceder a mejores oportunidades para obtener un buen préstamo y así también aprovecharás mejor tu tiempo.

Para la precalificación, el prestamista querrá hacer su propia investigación de tu crédito. Algunas veces el prestamista te pedirá que pagues el costo de esta investigación por adelantado. En general este servicio cuesta entre $10 y $40.

¿Qué hay en tu historial de crédito?

Toda esta información aparece dentro de mi reporte de crédito

En el reporte de crédito encontrarás la siguiente información:

Tus datos de identificación
Por ejemplo: nombre, número de seguro social (o número de identificación de contribuyente - *TIN*), fecha de nacimiento, dirección de donde vives, lugar de trabajo y cuánto ganas.

Cuentas de crédito que poseas
Tarjetas de crédito, préstamos personales (por el auto, de estudiante, etc.), préstamos hipotecarios, etc. También indicarán cuánto debes en cada cuenta, la fecha en la que cada cuenta fue abierta, de cuánto es tu pago mensual y si estás al corriente con tus pagos.

Cuentas de crédito que hayas solicitado
Además de las deudas ya contraídas, algunas organizaciones que emiten tarjetas de crédito buscan individuos que cumplan con ciertos requisitos preliminares para ofrecerles tarjetas u otro tipo de préstamos. Todas estas consultas de tu historial aparecen en el reporte.

El puntaje de crédito

De aquí para arriba está bien

Los puntajes de crédito se calculan usando tu historial de crédito. Para obtener un préstamo convencional, generalmente es necesario tener un puntaje mayor a 620 (un puntaje mayor a 720 se considera excelente). Mientras más alto el puntaje, los prestamistas te ofrecerán tasas de interés más bajas y programas de préstamo más atractivos.

Con un puntaje menor a 620, es probable que tengas que acudir a ciertos prestamistas que se conocen como "subprime" y que se dedican a prestar con tasas de interés más altas.

Si el puntaje es menor a 580, será difícil que consigas un préstamo por medio de una entidad crediticia. En este caso tendrás que investigar otras maneras de obtener financiamiento para la compra de tu propiedad.

Los programas de préstamo *FHA* y *VA* (garantizados por el gobierno), por el momento, no tienen el requisito de contar con un cierto puntaje de crédito. Para obtener más información acerca de los préstamos *FHA* y *VA*, dirígete al Capítulo 5: ¿Qué es un programa de préstamo hipotecario? y pregúntale a tu prestamista cuáles son los requisitos actuales.

Es importante que no abras nuevas cuentas de crédito sino hasta después de finalizar la compra de tu propiedad, pues éstas disminuirán tu puntaje de crédito. En primer lugar, tu puntaje disminuirá por cada investigación de crédito y en segundo lugar porque las cuentas de crédito recién abiertas, automáticamente bajarán el puntaje.

Múltiples investigaciones de crédito con el propósito de obtener un préstamo hipotecario cuentan como una sola investigación, siempre y cuando se hagan durante un período no mayor a 30 días.

Verifica que la información en tu historial de crédito esté correcta

Cuando obtengas tu informe de crédito, verifica que toda la información esté correcta. Algunos de los errores más comunes en los historiales de crédito son:

El robo de identidad

Verifica que tu información esté correcta

Si una cuenta que no es tuya aparece en tu historial, es posible que esto sea por un simple error o, en un caso más grave, pudiera ser que alguien hubiera cometido fraude haciéndose pasar por ti, pidiendo préstamos que no tiene intenciones de pagar. Esto se conoce como "robo de identidad" y es muy importante reportarlo cuanto antes. En ambos casos, las agencias crediticias deben borrar completamente las cuentas en cuestión en cuanto hayan procesado tu reclamación.

La información no está al corriente

Una cuenta que en algún momento tuvo pagos retrasados y, aunque los pagos ya están al corriente, éstos no se ven reflejados en el reporte de crédito. La agencia crediticia tiene la obligación de tener tu información al corriente y debe corregir el estado de tus cuentas inmediatamente.

¿Cómo puedes mejorar tu historial de crédito?

Este es un buen momento para cerrar cuentas de crédito viejas que ya no utilices y, si es posible, pagar completamente las cuentas de crédito que tengan un saldo en tu contra. Si decides consolidar tus deudas, ten cuidado de no consolidar todas tus deudas bajo una sola cuenta pues esto puede afectar tu puntaje de crédito.

Los expertos en crédito recomiendan mantener un par de cuentas activas utilizando solamente la mitad del crédito disponible.

Ejemplo de cuentas
de crédito

Ejemplo de un par de cuentas de crédito activas utilizando la mitad del crédito disponible (en dólares americanos)

CUENTA DE CRÉDITO	CRÉDITO DISPONIBLE	CRÉDITO UTILIZADO
Cuenta "A"	$10,000	$ 5,000
Cuenta "B"	$ 7,500	$ 3,000

¿Cómo corregir errores en tu historial de crédito?

Hay que corregir los
errores de crédito

Si encuentras errores en tu historial de crédito, inicia una reclamación *(dispute)* cuanto antes. Ten en cuenta que es muy posible que tu puntaje de crédito disminuya al iniciar una reclamación *(dispute)*. Si ya estás solicitando un préstamo, es mejor esperar a iniciar la reclamación hasta después de haber obtenido el préstamo, para no disminuir tus posibilidades de obtenerlo.

Si dispones del tiempo necesario para resolver una reclamación antes de solicitar un préstamo, comunícate con la agencia de crédito que haya reportado el error y muéstrale al representante de la agencia la documentación adecuada para que pueda corregirlo. Si no tienes documentación que compruebe que existe algún error, comunícate con la entidad crediticia listada en el informe para aclarar la situación. Una vez que resuelvas cada discrepancia, obtén una carta de la entidad crediticia en donde se vea reflejada la corrección y de inmediato comunícaselo al buró o agencia de crédito.

De la misma manera, si hay información negativa en tu historial de crédito que es verdadera pero que fue causada por una situación extrema que tú consideres necesita más explicación, comunícate con la agencia de crédito y pídele que incluya una anotación.

Por ejemplo, si tu historial de crédito contiene información de que no pagaste a tiempo una o varias de tus cuentas incluyendo el alquiler, o un préstamo hipotecario, pero que puedes comprobar que fue porque tuviste gastos médicos mayores, porque perdiste tu empleo o porque tuviste que colaborar con las fuerzas armadas, puedes pedirle a las agencias crediticias que incluyan esta información en tu historial.

Una vez que se haya aclarado tu situación, los burós o agencias de crédito tardarán aproximadamente un mes en reflejar tu nuevo historial de crédito.

A dónde dirigirte para corregir errores en tu historial de crédito:
http://www.ftc.gov/credito

AGENCIA	PÁGINA WEB	LLAMADA SIN COSTO
Equifax	www.Equifax.com	(800) 685-1111
Experian	www.Experian.com	(888) 397-3742
TransUnion	www.TransUnion.com	(800) 888-4213

Capítulo 3
¿Por qué te conviene contratar a un agente de bienes raíces?

El agente de bienes raíces y su equipo de trabajo

Para que tu experiencia al buscar y comprar una nueva casa sea lo más productiva y agradable posible, contrata a un buen agente de bienes raíces para que sea tu representante exclusivo como tu agente de compras.

Los agentes de bienes raíces trabajan como vendedores para compañías de corretaje de bienes raíces *(real estate brokerage)*. Algunos agentes se han preparado con cursos especiales, necesarios para ser reconocidos como corredores de bienes raíces *(real estate broker)* y muchos son dueños de su propia compañía de corretaje.

Al fin y al cabo, lo importante es que, ya sea agente o corredor, esta persona te represente exclusivamente como tu agente de compras.

¿Qué es un agente de compras?

Un agente de compras es una persona que se compromete a representar exclusivamente tus intereses como comprador, durante la transacción de la compra de tu casa (por ejemplo, al ayudarte a obtener el precio más bajo y las mejores condiciones de venta). Mediante esta representación exclusiva, el agente de compras trabaja para ti y se compromete a representarte solamente a ti y a ninguna otra persona de las que estén involucradas en la transacción. Esto es en contraste con el agente de ventas *(listing agent)*, quien es otro agente de bienes raíces, pero que representa los intereses del dueño de la casa en venta (por ejemplo, ayudándole a obtener el precio más alto posible).

En USA, en la mayoría de los Estados, por ley, tu agente de compras deberá poner tus intereses en primer lugar, incluso sobre los suyos propios. Además de ayudarte a encontrar la casa que piensas comprar, tu agente de compras se compromete a mantener tu información financiera y personal en estricta confidencialidad (siempre y cuando esté dentro de la ley). También deberá darte toda la información que tenga disponible acerca de la casa que decidas comprar (por ejemplo, si existiera algún problema con la estructura de la casa o si la casa se encontrara en un área con mucho ruido), incluyendo la situación personal del dueño actual de la casa (por ejemplo, si tiene prisa por vender debido a un divorcio o a la pérdida de su empleo) o cualquier otro detalle que pudiera beneficiarte o perjudicarte, relacionado con la compra de la casa.

¿Cuál es la diferencia entre tu agente de compras y el agente de ventas?

El agente de compras trabaja para ti mientras que el agente de ventas trabaja para el dueño de la casa en venta y tiene la obligación de proporcionarle toda información posible acerca de tu situación particular – incluyendo detalles que tú quisieras mantener confidenciales.

¿Qué es la doble representación?

Aunque algunos Estados la prohiben, en otros Estados la doble representación es legal *(dual representation)*. La doble representación es cuando un agente de bienes raíces se compromete a representar al comprador y al dueño de la casa en venta en la misma transacción. La doble representación no es recomendable, porque al estar en una situación dual, el agente no podrá representar satisfactoriamente a ninguno de sus clientes.

Como la obligación de un agente es la de proteger los intereses y la confidencialidad de la información de cada uno de sus clientes, los servicios de un agente dual se reducen a tareas administrativas para no causar daño a ninguna de las partes. Por ejemplo, supongamos que el agente doble sabe que un comprador está dispuesto a pagar más que lo que el dueño está dispuesto a aceptar. Si le aconseja al comprador que baje su oferta de compra, no está sirviendo a los mejores intereses del dueño y, si le dice al dueño que debe subir su precio, no estará atendiendo al mejor interés del comprador.

Ten en cuenta que si un corredor o agente de bienes raíces no está explícitamente trabajando para ti, lo más probable es que esté trabajando para el dueño de la casa como su agente de ventas. Si estás visitando casas modelo con la intención de comprar una casa nueva, el representante del lugar de ventas representa al dueño y es posible que hasta sea empleado de la compañía constructora.

Recuerda que los agentes que no trabajan expresamente para ti tienen la obligación de proporcionarle al dueño de la casa que quieres comprar toda la información acerca de tu situación. Cuando empieces a trabajar con un agente de bienes raíces, asegúrate que te representa explícita y exclusivamente a ti como tu agente de compras.

¿Qué beneficios obtienes al trabajar con un agente de compras?

Además de mantener tu información en forma confidencial, algunos de los beneficios que obtienes utilizando los servicios de un agente de compras son el ahorro de tiempo, dinero y esfuerzo.

Ahorro de tiempo al usar el Listado Múltiple

La mayoría de los agentes de bienes raíces tienen acceso a un servicio de listado múltiple *(Multiple Listing Service–MLS)* que generalmente está computarizado y actualizado a tiempo real. En estos sistemas varias agencias de corretaje anuncian propiedades en venta. Es una manera rápida y fácil de encontrar propiedades disponibles con información detallada de cada una y, en algunos casos, hasta fotografías del interior y del exterior de la propiedad.

El listado múltiple a mi disposición

En la actualidad existen muchas bases de datos en línea en donde el consumidor puede acceder a información básica proveniente de los listados múltiples. Hay que tomar en cuenta que la mayoría de estas bases de datos se actualizan sólo parcialmente y no a tiempo real, así que la información no es tan confiable ni completa como la de cada uno de los Sistemas de Listado Múltiple.

Un buen agente también sabrá de propiedades que serán puestas a la venta en un futuro próximo. Ésta podría ser una oportunidad para que seas el primero en visitar la casa y así adelantarte a la competencia.

Ahorro de dinero

La experiencia de tu agente y los recursos que ponga a tu disposición te ayudarán con todos los detalles del contrato de compra-venta para que éste sea lo más ventajoso posible para ti.

La experiencia y los recursos de tu agente te ayudarán a ahorrar dinero

Un buen agente tiene una lista de profesionales con los que trabaja periódicamente, entre los que se encuentran: contratistas, plomeros, compañías de limpieza, mudanzas, abogados y otros profesionales que te darán buen servicio y un precio adecuado, si los llegaras a necesitar.

Además, las asociaciones locales de agentes de bienes raíces, como por ejemplo las afiliadas a la Asociación Nacional de Realtors® *(National Association of Realtors®–NAR)* tienen formularios estándar disponibles para el uso de sus miembros. Estos formularios incluyen contratos, anexos y otros documentos que se utilizan en las transacciones de compra-venta.

Al usar los formularios estándar podrás ahorrar dinero, pues no tendrás que contratar a ningún abogado adicional para que se haga cargo de este paso.

Ahorro de esfuerzo

Al trabajar con un agente con experiencia te será más fácil llegar a tu destino que si tratas de hacerlo tú solo. Un buen agente de compras te ayudará a navegar el mar de detalles necesarios para comprar una vivienda.

Por ejemplo, en varias ciudades de USA las agencias de corretaje cuentan con sistemas (tales como llaves electrónicas) para poder abrir las puertas de todas las casas en venta que se encuentran en el servicio de listado múltiple *(MLS)*. Sistemas como estos te simplificarán la coordinación de citas con los dueños de las casas que quieras visitar.

¿Quién pagará los servicios de tu agente de compras?

Este es un punto muy importante relacionado con la contratación de un agente de compras.

El agente de ventas comparte la comisión con tu agente de compras

El agente de ventas comparte la comisión con tu agente de compras

Por medio del acuerdo de listado para la venta *(listing agreement)*, el dueño actual de la propiedad se compromete a pagar a su agente de ventas un porcentaje del precio de venta de la propiedad (es decir, la comisión) por los servicios de corretaje. En la mayoría de las localidades de USA, especialmente donde existe un servicio de listado múltiple *(MLS)*, el agente de ventas comparte la comisión de venta con el corredor o agente que haya conseguido al comprador. Este otro agente puede ser tu agente de compras.

El acuerdo de exclusividad

Un agente de bienes raíces que esté interesado en ser tu agente de compras, te presentará un acuerdo en el que él, por medio de su agencia de corretaje, se compromete a representar tus intereses a cambio de que tú prometas trabajar solamente con él (o ella). En algunos acuerdos de exclusividad, te comprometes a pagar su comisión, ya sea directamente de tu bolsillo o, una vez que compres tu casa, permitiendo que el agente de ventas comparta su comisión con tu agente de compras.

¿Cómo encontrar a un buen agente de compras?

Para que escojas al mejor agente de compras, entrevista a dos o tres agentes de bienes raíces; de preferencia que hayan trabajado con alguien en quien confíes y que vengan bien recomendados.

¿Cómo escoger al mejor agente de compras?

Si ya tienes un prestamista, pídele que te proporcione los nombres de agentes que considere confiables.

Tus familiares y amigos que recientemente hayan vendido o comprado una vivienda pueden también recomendarte a alguien. Platica con tu amigo o familiar acerca de su experiencia al comprar o vender su casa. Pregunta específicamente si los servicios de su agente fueron de ayuda. Si tu amigo o familiar suena entusiasmado, esto quiere decir que el agente hizo bien su trabajo y probablemente sea a quien te convenga contratar.

Tal vez te acabas de cambiar al lugar en donde vives y no tienes un grupo de familiares, amigos u otras personas confiables que te puedan dar una buena recomendación. En este caso, acude a alguna oficina de bienes raíces cerca de donde te interese comprar casa y pregunta por el corredor principal *(managing broker)*. El corredor principal es quien está a cargo de esa oficina y de todos los agentes que trabajan en ella. Pídele la información del agente que él (o ella) utilizaría si estuviera por comprar casa (de preferencia que no sea él mismo). Puedes visitar diferentes oficinas de la zona para que te den 2 ó 3 nombres de agentes para que los entrevistes.

¿Cómo entrevistar a posibles agentes de compras?

Una vez que hayas encontrado a un agente de bienes raíces que venga bien recomendado, entrevístalo para ver si cumple con tus requisitos y que vaya de acuerdo con tu manera de ser.

¿Qué estás buscando en tu agente de compras?

A continuación aparecen una serie de preguntas que te pueden servir durante las entrevistas.

Preguntas acerca de su especialidad

¿En qué área geográfica te especializas?

Un agente que conozca bien un área geográfica puede indicarte elementos positivos, como la ubicación del parque y del centro comercial más cercano, así como cuánto hay que caminar para llegar al transporte público. También puede hacerte notar otro tipo de elementos, como el que los aviones hacia el aeropuerto pasaran justo sobre la propiedad que quieres comprar, o que la iglesia de la esquina no tuviera suficiente estacionamiento para autos, etcétera.

¿Qué tipo de propiedades vendes más seguido (casas solas, casas en conjuntos, departamentos en condominio, casas nuevas o ya existentes)?

Me especializo en casas solas

Un agente que se especialice en departamentos en condominio conoce bien el promedio de las cuotas mensuales de los condominios que ofrecen servicios similares (como elevadores, albercas o piscinas, elementos recreativos y deportivos, etc.).

En el caso de las casas en conjuntos, un agente con experiencia pone atención (entre otras cosas) a la cantidad disponible de lugares de estacionamiento para los autos de tus invitados a fin de que no tengan que estacionarse lejos de donde tu vivas.

Un agente experto en casas nuevas sabe cómo negociar mejor con la constructora, mientras que un agente experto en casas existentes te puede ayudar a reconocer el valor de un buen diseño de exteriores y de otros elementos dentro de la vivienda que te pudieran ayudar a seleccionar la mejor opción.

¿Con qué tipo de compradores te sientes más a gusto (compradores primerizos o que tengan experiencia previa)?

Algunos agentes tienen alma de profesores y realmente disfrutan cuando enseñan todo acerca del proceso de compra-venta a quienes compran por primera vez. Si ya tienes experiencia comprando casa y prefieres tomar las riendas y considerar a tu agente como tu consejero y no como tu profesor, tal vez prefieras trabajar con alguien que se mantenga al margen de la transacción.

¿Qué sector del mercado manejas más (casas de lujo, propiedades subsidiadas, viviendas embargadas por bancos o el gobierno [foreclosures])?

Los agentes de compras que se especializan en casas de lujo reconocen que ciertas características pueden aumentar el valor de una propiedad, como por ejemplo: piscinas, diseño de interiores y de exteriores, las mejoras en la cocina integral y en otras partes de la casa, libreros empotrados, tipo de materiales utilizados (como maderas exóticas, granito, mármol), la calidad de los acabados y otros detalles importantes. Por otro lado, los agentes que se especializan en viviendas subastadas por bancos y el gobierno, se enfocan más bien en obtener el precio más bajo posible sin importar los acabados o las características cosméticas de la casa, además de conocer bien los procedimientos para entrar en las subastas, y los programas de préstamo para ayudarte con la remodelación de la propiedad, si ésta lo requiere.

Acerca de sus servicios como agente de compras

¿Qué porcentaje de tu tiempo trabajas con compradores?

Los agentes que representan primordialmente al dueño de la casa dedican una gran parte de su tiempo a actividades que promuevan las casas en venta. Otros agentes se dedican exclusivamente a representar a los compradores.

La mayoría de los agentes trabajan con compradores así como con los dueños de las casas en venta; esto les puede dar un entendimiento más completo de las dinámicas del mercado de compra-venta en su localidad.

¿Con cuántos clientes trabajas al mismo tiempo?

De los agentes que trabajan por su cuenta, algunos son muy eficientes y pueden atender tal vez hasta 7 ó 10 clientes al mismo tiempo, dependiendo de la calidad y de la cantidad de los servicios ofrecidos. Otros agentes trabajan en equipo y pueden atender a muchos más clientes al mismo tiempo porque el equipo se divide la carga de trabajo. Toma en cuenta que mientras más clientes tenga el agente, sus procesos deberán estar mejor organizados y ser más eficientes para que obtengas la clase de servicio que te mereces.

¿Si te llamo y te dejo un mensaje, en cuánto tiempo me contestarás la llamada?

Para que te des una idea de la rapidez con la que puedes esperar contestaciones a tus dudas, establece un horario y la mejor manera de comunicarte con tu agente. La mayoría de los agentes tienen teléfonos celulares. Algunos no lo usan muy seguido y prefieren recibir y contestar mensajes exclusivamente en su oficina. Otros agentes tienen teléfonos hasta con correo electrónico integrado, lo que les permite estar accesibles a todas horas y casi en todas partes.

¿Qué días de la semana trabajas y cuándo descansas?

Algunos agentes descansan los fines de semana, otros sólo un día de la semana, y otros a tiempos pre-determinados pero no constantes. Los agentes que trabajan en equipo se ayudan unos a otros para poder atender a sus clientes cuando éstos lo requieran.

La red de profesionales recomendados por tu agente de compras

¿Cuentas con una red de profesionales que pudieras recomendarme si llegara a necesitar alguno?

Una red de profesionales confiables es un elemento muy valioso pues te ahorrará tiempo, dinero y posibles molestias. Por ejemplo: si necesitaras un abogado especialista en bienes raíces para hacerle una pregunta rápida y tu agente conoce alguno, es posible que el abogado te asesore sin cargo alguno, por teléfono y el mismo día. De otra manera, tendrías que buscar a un abogado, hacer la cita, y lo más probable es que tengas que pagar un par de cientos de dólares por la asesoría.

¿Cómo te comunicas con tus clientes (por teléfono, fax, correo electrónico, correo tradicional, chat, "texting", etc.)?

Si te sientes más a gusto comunicándote por un medio específico, consigue a un agente que también lo prefiera. Cada agente es diferente y es importante que la comunicación sea fácil y eficiente.

¿Qué otros beneficios obtendré al trabajar contigo?

Algunos agentes tienen camionetas que les prestan a sus clientes para la mudanza. Otros ofrecen servicios de limpieza para que tu nueva casa esté limpiecita antes de que te cambies. Muchos agentes ofrecen descuentos con compañías de cierre, con prestamistas, con servicios de jardinería, en tiendas de artículos del hogar, etc. Otros más te regalan la garantía para proteger tus enseres y otros sistemas *(home warranty)* por un año.

¿Requieres un acuerdo de exclusividad?

Los agentes con más experiencia te pedirán que firmes un acuerdo de exclusividad. Si no estás seguro de querer trabajar con un agente en particular, entrevista a varios y toma tu decisión. Si la relación no funciona al final del período del acuerdo, cambia de agente. El comprometerte exclusivamente con un agente te identifica como un comprador serio y seguramente te ahorrará posibles problemas relacionados con la comisión.

Capítulo 4
Lo mínimo que debes saber para conseguir un préstamo hipotecario

¿Qué es un prestamista *(lender)*?

Aquí se llevan a cabo los trámites para tu préstamo

A través de este libro se utiliza la palabra *prestamista* de dos maneras. La primera se refiere a la entidad crediticia; es decir, institución de crédito o banco con el que solicitas un préstamo hipotecario – también conocido como el "acreedor". Estas instituciones, entre otras cosas, se dedican a prestar dinero para que individuos como tú o yo puedan financiar la compra de sus viviendas.

La otra manera como se define la palabra *prestamista* es cuando se habla de una persona que trabaja para una entidad crediticia, institución de crédito o banco, ofreciendo cuentas de crédito. En este caso, el oficial de préstamo *(loan officer)*. El oficial de préstamo es tu punto de contacto con la entidad de crédito que te otorgará el préstamo.

¿Cómo encontrar al prestamista?

Nosotros te prestamos dinero para comprar tu casa

Hay varias maneras de encontrar a un buen prestamista. Comienza por buscar a tu alrededor:

Banco o unión de crédito
El banco o unión de crédito donde tienes tus ahorros o cuentas de cheques generalmente tiene un departamento especializado para ofrecer préstamos hipotecarios. Éste es un buen lugar para iniciar la búsqueda, pero siempre es bueno comparar con otras opciones.

Recomendaciones
Otra buena fuente para encontrar un buen prestamista es por medio de las recomendaciones de algún conocido que haya tenido una buena experiencia con la compra de su propiedad, o a través de las recomendaciones de tu agente de bienes raíces.

En el periódico

Busca en el periódico en la sección de bienes raíces. Además de encontrar anuncios ofreciendo hipotecas *(mortgages)*, habrá una lista de las mejores tasas de interés ofrecidas por distintas entidades de crédito en tu área. Si decides llamar a alguno de estos prestamistas, pregunta por sus costos de apertura y de cierre y por los programas de crédito disponibles para asegurarte que se ajustan a tus necesidades. No te dejes llevar simplemente por la promesa de una tasa de interés baja.

En Internet o en el directorio telefónico

Por medio del Internet o de la sección amarilla encontrarás una multitud de prestamistas. Tal vez corras con buena suerte y encuentres a uno o dos con buenos programas de préstamo que además ofrezcan excelente servicio al cliente.

Una vez que decidas ponerte en contacto con alguno de los prestamistas que encontraste por cualquiera de estos medios, pídele que te dé una lista de clientes satisfechos (referencias) que vivan en tu área o de agentes de bienes raíces con los que hayan hecho negocios para que puedas verificar si en realidad son buenos prestamistas.

Si no consigues un agente por medio de una recomendación, tendrás que buscar por tu cuenta

Tipos de prestamistas

Existen múltiples instituciones que se dedican a prestar dinero en el mercado de bienes raíces, por ejemplo: los bancos tradicionales, las uniones de crédito *(credit unions)*, los bancos hipotecarios *(mortgage banks)*, los corredores de hipotecas *(mortgage brokers)* e inversionistas particulares, entre otros.

Prestamistas directos o de portafolio *(direct or portfolio lenders)* y bancos hipotecarios *(mortgage banks)*

Los prestamistas directos y los bancos hipotecarios prestan dinero de su propio fondo monetario o portafolio. Al prestar dinero de su propio portafolio cada banco puede tomar rápidamente la decisión de aprobar o negar un préstamo.

La persona encargada de aprobar los préstamos y de poner condiciones para la aprobación dentro de cada institución es el suscriptor *(underwriter)*. Esta aprobación interna te dará la seguridad de que una vez que te hayan prometido un préstamo y el suscriptor lo haya aprobado, lo más probable es que te sea otorgado.

Los prestamistas directos prestan su propio dinero

Corredores de préstamos hipotecarios *(mortgage brokers)*

Los corredores de préstamos te "conectan" con un banco que te dé el préstamo

También existen corredores que promueven préstamos otorgados por bancos hipotecarios mayoristas (los bancos mayoristas no venden directamente al consumidor). Es decir que el dinero para el préstamo no provendrá directamente del corredor (éste será simplemente un intermediario) sino de un banco mayorista o de otras instituciones o de inversionistas particulares.

Uno de los beneficios que obtendrás al utilizar los servicios de un corredor consiste en la amplia variedad de programas de préstamo, gracias a la diversidad de instituciones de crédito a las que representa y a su conocimiento de los múltiples programas de préstamo. Es posible que uno de esos programas resulte ser tu mejor opción.

En ciertos casos los bancos mayoristas utilizan a corredores de préstamos como sus representantes directos y les ofrecen tasas de interés y costos de cierre al mayoreo (generalmente más bajos). De esta manera el corredor puede ofrecerle al consumidor tasas de interés y costos de cierre competitivos. En otros casos los corredores de préstamos suman sus honorarios a la tasa de interés o a los costos de cierre originales–si este fuera el caso, el préstamo podría salirte más caro.

Los corredores de préstamos no tienen la capacidad de prometerte que efectivamente recibirás el préstamo. Ya que hayas solicitado el préstamo, tendrás que esperar a que el suscriptor de la institución que te otorgue el préstamo revise tu documentación y lo apruebe. En este caso, haz lo posible por tener comunicación directa con el suscriptor, quien será el único que te pueda asegurar que tu hipoteca estará a tiempo para el cierre de tu transacción.

El mercado secundario *(secondary market)*

La existencia del mercado secundario ha permitido que el dinero destinado para las hipotecas circule rápidamente y que haya más dinero disponible para ayudar a que más personas compren una casa.

En algunos casos, una vez que hayas obtenido tu préstamo, es posible que tu prestamista revenda tu préstamo en el mercado secundario a instituciones semi-gubernamentales como *Fannie Mae* o *Freddie Mac*. La reventa de tu préstamo no debe afectarte negativamente ni debe costarte más. Simplemente es una manera de que tu prestamista recupere el dinero que invirtió en tu préstamo más rápidamente. Al revender tu préstamo en el mercado secundario recuperará el dinero para poder prestarlo a otro comprador.

Si quieres saber más acerca del mercado secundario, visita www.fanniemae.com y www.freddiemac.com.

El proceso del préstamo, a grandes rasgos

El proceso para obtener un préstamo es relativamente sencillo. Como ya dijimos, habrá que seleccionar a uno o dos prestamistas que den buen servicio al cliente, buenos programas de préstamo y que cumplan con tus necesidades (por ejemplo, si así lo quieres, que hablen español).

La precalificación

La precalificación contesta a tu pregunta de "¿Cuánto me podrán prestar?"

Una vez seleccionado el prestamista, pídele que te precalifique. Como ya se vió en el Capítulo 2 ("¿Cómo estar económicamente preparado?") la precalificación es un proceso informal en el que el prestamista te da una idea de cuánto dinero te puede prestar, basándose en tus ingresos, deudas, ahorros y en tu puntaje de crédito.

Después de la precalificación, el prestamista podrá identificar los requisitos que cubres a fin de ofrecerte ciertos programas de crédito. También podrá darte un estimado de los costos de cierre que tendrás que pagar para obtener el préstamo.

Con estas opciones podrás decidir si alguno de estos programas te conviene o si prefieres ponerte en contacto con algún otro prestamista que te ofrezca algo mejor.

Hasta este punto aún no te has comprometido con ningún prestamista. Cada vez que solicites una precalificación, es posible que tengas que pagar entre $10 y $50 dólares por el proceso de revisión de tu puntaje de crédito, pero seguirás teniendo la opción de escoger al prestamista que más te convenga.

La preaprobación

Cuando hayas encontrado el programa de préstamo (y al prestamista) que mejor se ajuste a tus necesidades, es momento de hacer una solicitud formal y pagar por la solicitud (apertura). En este momento te comprometes a trabajar con un prestamista en particular; si decidieras cambiar de prestamista, esto te ocasionaría la pérdida del pago que hiciste por la solicitud.

La preaprobación es un proceso más formal para determinar exactamente cuánto te podrán prestar

El prestamista te pedirá que presentes tus comprobantes de ingresos, deudas y ahorros para poder verificar la información que pusiste en tu solicitud. Una vez que tenga tu documentación completa, lo que procede es que la presente al suscriptor de su institución para que le dé el visto bueno.

Cuando el suscriptor le haya dado el visto bueno a tu solicitud y documentación correspondiente, te expedirá una carta de preaprobación. Si se requiriera más información tuya, el suscriptor lo indicará como parte de las condiciones en la carta de preaprobación.

La preaprobación es un paso muy importante que te acreditará como un comprador serio, informado y bien preparado para la compra de tu nueva vivienda.

Antes de hacer una oferta para comprar una propiedad, tramita tu carta de preaprobación con la cantidad máxima que puedas gastar en la compra de tu residencia. La cantidad máxima incluirá tu pago inicial y la cantidad del préstamo hipotecario.

La aprobación

La fase de aprobación es la más completa y la más importante

Para obtener la aprobación de un préstamo, el suscriptor necesitará revisar, tanto tu capacidad de obtención del préstamo (la preaprobación), como el valor de la propiedad, así como otros requisitos relacionados con la vivienda que hayas seleccionado. Para asegurarse de que el valor de la propiedad sea igual o mayor al precio de venta, tu prestamista contratará a un valuador *(appraiser)* para que éste dé su opinión respecto al valor de la vivienda *(appraisal).*

Además del avalúo *(appraisal),* cada prestamista tendrá sus propios requisitos que deberás cumplir antes de que se apruebe tu préstamo. Por ejemplo, la obtención del seguro contra siniestros *(homeowner's insurance),* la obtención de un seguro para cubrir cualquier problema con las escrituras de la propiedad *(title insurance),* la inspección y corrección de cualquier problema en la vivienda causado por animales e insectos destructores de madera *(pest inspection and remediation),* entre otros.

Una vez que hayas cumplido con todos los requisitos, tu préstamo será aprobado por el suscriptor y podrás seguir con los trámites finales para la compra de tu nueva vivienda.

¿Cuánto te va a costar el prestamista?

En el estimado de buena fe aparecen los costos del prestamista

Como ya hemos visto, todo prestamista cobra ciertos honorarios por cada solicitud y por cada apertura de cuenta. Estos son los costos directos del prestamista que, dependiendo de tu situación particular, pueden ser tan bajos como de $500 dólares o tan altos como del 1.5% (o más) de la cantidad del préstamo que estás solicitando.

Otros costos relacionados con la compra de tu vivienda (como por ejemplo el avalúo), que son requisitos para obtener el préstamo, se pueden considerar como costos indirectos del prestamista.

En total, puedes esperar pagar desde $1,000 hasta más del 3% de la cantidad del préstamo que estés solicitando por todos los costos de la obtención de la hipoteca.

Recuerda también que hay otros costos que no tienen que ver con el prestamista, pero que son necesarios para la compra de tu vivienda (como por ejemplo el análisis topográfico del sitio y los costos de la agencia de cierre), además de los diferentes impuestos que tu Estado imponga.

El estimado de buena fe *(good faith estimate)*

Tu prestamista no tiene el control de los costos de los servicios proporcionados por terceros pero, de acuerdo a la Ley de Procedimientos de Liquidación de Bienes Raíces (*Real Estate Settlement Procedures Act–RESPA*), el prestamista debe proporcionarte, a más tardar tres días hábiles después de haber recibido tu solicitud, un estimado de buena fe en donde aparezcan todos los costos relacionados con la compra de tu vivienda (incluyendo los honorarios del prestamista).

Todos los costos relacionados con la compra de tu vivienda, incluyendo los costos directos e indirectos del prestamista, estarán detallados el día de tu cierre en un formato oficial llamado *HUD-1*. El *HUD-1* deberá contener, en las secciones relacionadas con los costos del prestamista, la misma información (y las mismas cantidades) que el estimado de buena fe que recibiste.

Honorarios del prestamista y otros costos relacionados con el préstamo

Cada prestamista o institución de crédito cobra honorarios al expedir préstamos. En algunos casos, el prestamista distribuye sus honorarios entre varios servicios. En otros casos, el prestamista cobra sólo un cargo total y así cubre todos sus gastos y honorarios. Antes de que te decidas por un prestamista en particular, pídele una lista de sus honorarios con la explicación de cada uno de los costos.

Los costos de cierre incluyen los honorarios del prestamista y de otros servicios

A continuación hay una lista con ejemplos de costos asociados con el prestamista, que hemos encontrado a través de los años. No todos los prestamistas cobran todos estos distintos honorarios pues, como verás, algunos son redundantes y otros son parte de los conceptos más generales. Estos costos están dentro de la sección "800" del formato *HUD-1* (Cada costo estará asociado con un número, como 801, 802, etc.). El estimado de buena fe que recibas también incluirá los números del formato *HUD-1* como referencia.

Más sobre el formato *HUD-1* en el Capítulo 13 "¿Cómo se cierra la transacción de compra-venta?

Honorarios por concepto de	Costo aproximado (si es que se cobra)	Comentarios
solicitud *(application fee)*	$300–$500	Se cobra al hacer la solicitud formal para el préstamo. No es reembolsable.
apertura de cuenta *(origination fee)*	1%–3%	Generalmente una de las maneras en las que se le paga al corredor del préstamo *(mortgage broker)*.
descuento del préstamo *(loan discount fee)*	1%–3%	También conocido como puntos. Esta cantidad sirve para reducir la tasa de interés de tu préstamo. Para más detalles acerca de puntos de descuento, ver el Capítulo 6, "¿Cuáles son los conceptos básicos de un préstamo hipotecario?".
avalúo *(appraisal)*	$300–$500	Esto es para pagar al valuador. En algunos casos el prestamista te pedirá que pagues los honorarios del valuador antes del cierre *(prepaid finance charge)*.
investigación de crédito *(credit report)*	$20–$50	Por realizar la investigación de tu historial de crédito y obtención de tu puntaje por medio de uno o de varios burós de crédito.
inspección llevada a cabo por el prestamista *(lender's inspection fee)*	$200–$500	En caso de que el prestamista contrate a un inspector para asegurarse que la vivienda en realidad existe y que está en buen estado.
honorarios del corredor *(mortgage broker fee)*	$100–$2000	Para pagarle al corredor del préstamo (si es que obtuviste el préstamo por medio de un corredor).
servicio de impuestos *(tax service fee)*	$25–$100	En caso de que el prestamista contrate a un tercero para administrar el pago de los impuestos sobre tu nueva propiedad.
Procesamiento *(processing fee)*	$200–$600	Para pagarle al personal administrativo de la oficina de préstamos por procesar tu transacción.
suscripción *(underwriting fee)*	$300–$500	Para pagarle al suscriptor de tu préstamo.
transferencia electrónica de fondos monetarios *(wire transfer fee)*	$10–$50	Si quisieras una transferencia electrónica en lugar de recibir un cheque.

A continuación se mencionan otros honorarios que, en ocasiones, se encuentran dentro de la sección 800 del formato *HUD-1* (y dentro del estimado de buena fe):

- administración *(administration fee)*,
- compromiso *(commitment fee)*,
- fondeo o traslado de fondos *(funding fee)*,
- período de validez de la tasa de interés *(lender's rate lock-in fee)*,
- solicitud del seguro hipotecario *(mortgage insurance application fee)*

Revisa detalladamente el estimado de buena fe

Si los costos del prestamista te parecieran excesivos o innecesarios, o si no estuvieran debidamente desglosados o estuvieran confusos, pídele al prestamista que ajuste sus honorarios o, si lo crees más conveniente, busca otro que te deje satisfecho.

Pon atención al estimado de buena fe

Dentro del estimado de buena fe, encontrarás otros costos relacionados con la compra de tu nueva propiedad que no son parte de los honorarios del prestamista (estos otros cargos estarán asociados con un número del formato *HUD-1* entre 900 y 1399). En el último Capítulo "¿Cómo se cierra la transacción de compra-venta?", encontrarás una explicación del formato *HUD-1* con los detalles de estos cargos, necesarios para el cierre de tu transacción.

Segunda Parte: Información detallada de cómo se obtiene un préstamo hipotecario

5   ¿Qué es un programa de préstamo hipotecario?

6   ¿Cuáles son los conceptos básicos de un préstamo hipotecario?

7   ¿Cuál es el proceso de aprobación del préstamo?

8   ¿Cómo seleccionar al mejor prestamista y el mejor programa de préstamo?

9   ¿Cuáles son los problemas más comunes al obtener un préstamo?

Capítulo 5 ¿Qué es un programa de préstamo hipotecario?

El gobierno garantiza ciertos préstamos, como los *FHA* y los *VA*

Todos los programas de préstamo hipotecario que existen en la actualidad pueden quedar incluidos dentro de las dos siguientes categorías: préstamos convencionales y préstamos garantizados por el gobierno.

Los préstamos convencionales son otorgados y financiados por prestamistas particulares. Dentro de este tipo de préstamo existen muchas variantes que dependen de la cantidad del préstamo y de lo que cada prestamista solicita.

Los préstamos garantizados por el gobierno también son otorgados por prestamistas particulares, previamente autorizados para ello por el gobierno. Los requisitos para que el gobierno garantice estos préstamos son algo diferentes de los que se piden para un préstamo convencional.

Préstamos convencionales

Los préstamos convencionales se dividen en tres categorías principales que dependen de la cantidad del préstamo:

"de conformidad con..." *(conforming)*
Si la cantidad del préstamo es igual o menor al límite preestablecido por las instituciones del mercado secundario, Freddie Mac www.FreddieMac.com y Fannie Mae www.FannieMae.com, el préstamo es de conformidad con el límite. Actualmente este límite es de $417,000 en la mayor parte del País y de un 50% más en los Estados de Hawaii y Alaska. Si un prestamista particular piensa revender el préstamo en el mercado secundario a alguna de las instituciones arriba mencionadas, debe asegurarse de que el préstamo sea igual o menor al límite preestablecido.

"gigante de conformidad con..." *(conforming jumbo)*
En años recientes, Freddie Mac y Fannie Mae han establecido otra categoría de préstamos, de una cantidad mayor a la "de conformidad". Estos préstamos, conocidos como *"conforming jumbo"*, llevan una tasa de interés más alta que los que son *"conforming"*. Actualmente este límite es de $729,750 en la mayor parte de USA y de un 25% más en los Estados de Hawaii y de Alaska.

Los préstamos *jumbo* son los más grandes

"gigante" *(jumbo)*

Si la cantidad del préstamo es mayor al límite de conformidad gigante, preestablecido por las instituciones del mercado secundario, generalmente el préstamo se considera de no conformidad o *jumbo* y la tasa de interés es un poco más alta que la de los préstamos de "conformidad" y los "gigantes de conformidad" (desde un 0.125% hasta un 1.5% o más).

Con o sin pago inicial

En la actualidad hay muchos programas de préstamo convencionales. Los programas más comunes requieren el 20% como pago inicial o de enganche.

Para otros programas de préstamo sólo se requiere un pago inicial menor al 20% (incluso de 3.5%) generalmente mediante el uso de un seguro hipotecario.

El seguro hipotecario

En algunos programas de préstamo que sólo permiten la existencia de una sola hipoteca, los prestamistas manejan un seguro hipotecario; ya sea privado *(private mortgage insurance-PMI)* o no *(mortgage insurance premium-MIP)* que permite al futuro comprador hacer un pago inicial menor al 20%. Este seguro protege al prestamista en caso de que el prestatario (el futuro comprador) se retrase en sus pagos.

Más acerca del seguro hipotecario en el Capítulo 6, "¿Cuáles son los conceptos básicos de un préstamo hipotecario?".

Sin documentos *(no doc)* o de ingresos declarados *(stated income)*

También existen otras variantes a los programas convencionales que ofrecen más flexibilidad respecto a los requisitos para obtener el préstamo, pero con tasas de interés más altas. Estas variantes incluyen programas como los de sin documentos o de ingresos declarados, en los que no es necesario presentar documentación respecto a la cantidad y fuente de ingresos, ni de ahorros o deudas. A últimos años, estos préstamos no los trabajan ni Fannie Mae ni Freddie Mac, pero es posible que vuelvan a surgir en un futuro no muy lejano. Si te interesa uno de estos programas de préstamo, pregúntale a tu prestamista para ver si están disponibles.

Préstamos garantizados por el gobierno

Programa para veteranos *(Veterans Affairs-VA)*

El programa de préstamo para veteranos es una muy buena opción

El Programa *VA* es un programa de préstamo, a disposición de los veteranos y los miembros activos de las fuerzas armadas de los Estados Unidos, en donde el Departamento de Asuntos de los Veteranos *(Department of Veterans Affairs)* avala o garantiza los préstamos expedidos.

Estos programas de préstamo, expedidos por prestamistas particulares autorizados por el Departamento, se caracterizan por tener tasas de interés más bajas que las tasas de los programas convencionales; ofrecen poder hacer un pago inicial muy bajo, así como traspasar la obligación del préstamo hipotecario a un futuro comprador (y no es necesario que el comprador siguiente sea un veterano).

Es necesario hacer un pago de entre el 1% y el 3.3% de la cantidad del préstamo por cargo de financiamiento. El cargo de financiamiento varía, dependiendo de la situación personal del comprador. También hay ciertas situaciones en las que el Departamento exime a algunos veteranos de la obligación de pagar el cargo por financiamiento.

Cada prestamista autorizado define la cantidad máxima del préstamo, dentro de ciertos límites preestablecidos por la Ley de Prestaciones de Veteranos, del 2004 *(Veterans Benefits Act of 2004)*. La mayoría de los préstamos *VA* también son revendidos en el mercado secundario. Por esta razón muchos prestamistas establecen que la cantidad máxima del préstamo *VA* sea igual a la cantidad máxima del préstamo convencional de conformidad con el límite preestablecido por las instituciones del mercado secundario.

En las páginas de Internet de programas de préstamos hipotecarios del Departamento de Asuntos de los Veteranos encontrarás información detallada (en inglés) acerca de los requisitos necesarios para obtener un préstamo *VA*, los cargos de financiamiento y muchos otros datos adicionales: www.homeloans.va.gov

Programa de la Administración Federal de Vivienda
(Federal Housing Administration-FHA)

Un préstamo *FHA* puede sacarte de un gran apuro

El Departamento de Vivienda y Desarrollo Urbano de los Estados Unidos *(U.S. Department of Housing and Urban Development–HUD)* asegura préstamos hipotecarios como ayuda a los compradores. Así pueden obtener un préstamo hipotecario en el que el pago inicial es de un mínimo del 3.5%.

Los préstamos *FHA* son expedidos por prestamistas particulares autorizados por el Departamento.

Algunas de las ventajas de este programa son:

- La flexibilidad en la expedición de préstamos a personas con puntaje de crédito bajo o con problemas, o que no cuentan con historial de crédito.
- La expedición de préstamos a víctimas de desastres naturales, sin la necesidad de tener que hacer un pago inicial.
- La posibilidad de incluir los gastos de compra-venta en el préstamo.

Las páginas web en español de este Departamento te proporcionarán más información acerca del programa de préstamo *FHA*, incluyendo los límites de préstamo para cada Condado dentro de cada Estado: espanol.hud.gov.

Capítulo 6
¿Cuáles son los conceptos básicos de un préstamo hipotecario?

¿Qué implica un préstamo hipotecario?

El monto total del préstamo se calcula sumando el capital inicial a los intereses

Al obtener un préstamo, el deudor (en este caso, tú) se compromete a pagar, al final del período del préstamo, la cantidad que le fue prestada; esto es, el capital inicial más el interés total. Al capital inicial se le suma el interés total para obtener el monto total del préstamo.

Las partes principales de un préstamo hipotecario, y que se verán a continuación, son: capital inicial, período del préstamo, tasa de interés y cantidad de pagos mensuales.

Otros conceptos importantes son: amortización, puntos porcentuales, seguro hipotecario y período de la validez de la tasa de interés.

Capital inicial

El capital inicial es la cantidad que le será prestada al prestatario, es decir, la cantidad del préstamo.

Cálculo del capital inicial

¿Cómo se calcula el capital inicial de un préstamo al comprar una vivienda? (en dólares americanos)

El precio de venta de la vivienda	$125,000
El comprador hace un pago inicial del 20%	– $ 25,000
El capital inicial del préstamo será	$100,000

El período o plazo del préstamo

En el negocio de los préstamos hipotecarios, los períodos son generalmente a 30 años. Al final del plazo establecido, el deudor deberá liquidar el préstamo. La mayoría de los préstamos requieren que el prestatario haga pagos mensuales iguales durante todo el tiempo que dure el préstamo. De esta manera, el préstamo queda liquidado al final de dicho período.

El plazo del préstamo generalmente es a 30 años

Períodos y pagos mensuales

Períodos y pagos mensuales

PERÍODO		NÚMERO DE PAGOS MENSUALES
30 años	x 12 meses	360
20 años	x 12 meses	240
15 años	x 12 meses	180

Tasa de interés

La tasa de interés es lo que el prestamista te cobra por proporcionarte el capital inicial. Hay tasas de interés fijas, es decir que no cambian durante el período total del préstamo y también hay tasas de interés variables que, como dice su nombre, varían a través del período del préstamo. Las tasas de interés fijas generalmente tienen un interés un poco más alto que las tasas de interés variables y representan un menor riesgo para el que obtiene el préstamo. También existen las tasas de interés ajustables *(Adjustable Rate Mortgage–ARM)*, que son una combinación de las dos anteriores.

Una tasa de interés fija no cambia durante el período total del préstamo

La tasa de interés es muy importante

Como habrás notado, la tasa de interés que corresponda al programa de préstamo que selecciones, afectará directamente al monto total de tu préstamo, así como a la cantidad de cada uno de tus pagos mensuales.

Tasa de interés fija *(fixed rate)*

Las tasas de interés pueden ser fijas durante el período total del préstamo. En un préstamo con tasa de interés fija, generalmente el pago mensual también se mantendrá fijo durante el período total del préstamo. Como se ha mencionado, las tasas de interés fijas representan el menor riesgo para ti, pues siempre sabrás cuánto tienes que pagar cada mes durante todo el período del préstamo.

Compara tasas de interés fijas

Compara dos diferentes tasas de interés fijas (en dólares americanos)

Préstamo de $100,000 con una tasa de interés fija a 30 años:
al 7%, tu pago mensual de capital e interés será: $665.30
al 8%, tu pago mensual de capital e interés será: $733.76

Y el interés total del préstamo (la suma de todos los intereses que pagaste) más el capital inicial de $100,000 (lo que pediste prestado), al final de los 30 años dará un monto total del préstamo de:
al 7%: $239,509
al 8%: $264,155

Tasas de interés variables *(variable rate)* o sólo interés *(interest only)*

Las tasas de interés variable hacen que tu pago mensual varíe también

Hay programas de préstamo que ofrecen tasas de interés que pueden variar cada cierto período de tiempo (cada mes, cada seis meses o cada año), tomando como base algún índice económico. La mayoría de estos programas sólo requieren el pago del interés (sin abonos al capital), a cambio de tasas de interés más bajas. Por ejemplo, se puede establecer un plazo inicial predeterminado de 10 años durante el cual no se hará ningún abono al capital. Sin embargo, al final de este período, el prestatario deberá liquidar el préstamo por completo *(balloon payment)* o, si el tipo de préstamo lo permite, empezar a abonar al capital hasta que al final del siguiente período establecido el préstamo quede liquidado.

Tasa de interés
variable

Tasa de interés variable (en dólares americanos)

Supongamos que el prestamista ofrece un préstamo de $100,000 a 30 años (con un período inicial de 10 años) y una tasa de interés variable, con un margen del 2% (la ganancia del prestamista) sobre el índice de seis meses de La Tesorería de los Estados Unidos *(6 month T-Bill)*.

La tasa de interés variable se ajustará cada 6 meses, mismos que corresponderán al índice indicador de la venta de los pagarés de la Tesorería y siempre estará un 2% arriba de dicho índice, es decir, el margen del prestamista será del 2%.

Mes	*6 mo T-Bill*	Margen	Tasa Variable	Pago Mensual
Enero	4.00%	+ 2.00%	= 6.00%	$500.00
Julio	4.75%	+ 2.00%	= 6.75%	$562.50

En este ejemplo, al final de los primeros 10 años, los términos del préstamo se reajustarán para que el pago mensual por los siguientes 20 años incluya abonos al capital inicial de $100,000, además de los pagos por el interés.

Con una tasa variable, seguirás debiendo el 100% del capital

La tasa de interés variable trae consigo un nivel de riesgo más alto que el de una tasa fija, puesto que el pago mensual fluctuará de la misma manera en que suba o baje la tasa de interés. Recuerda que en la tasa variable los pagos mensuales no incluyen pagos al capital durante el período inicial del préstamo y por lo tanto, seguirás debiendo el 100% del capital.

Tasas ajustables *(ARM)*

Las tasas ajustables
(ARM) pueden subir
también

Las tasas ajustables *ARM* son una combinación de tasas fijas que se convierten en tasas variables al final de cierto plazo y son conocidas como hipotecas con tasas ajustables *(Adjustable Rate Mortgage–ARM)*.

Tasa de interés *ARM*

Tasa de interés *ARM* (en dólares americanos)

Un programa de préstamo 5/1 *ARM* a 30 años, significa que mantiene una tasa de interés fija durante los primeros 5 años y, a partir del sexto año, se convierte en una tasa de interés variable, que se ajusta cada (1) año, tomando como base el índice anual de La Tesorería de los Estados Unidos (*1 Yr T–Bill*).

Los pagos mensuales a partir del sexto año se mantendrán fijos por 12 meses (un año) hasta el siguiente ajuste.

Si el capital inicial del préstamo es de $100,000:

Año	*1 Yr T–Bill*	Tasa	Pago Mensual
1	5.05%	5.625%	$572.97
2	5.08%	5.625%	$572.97
3	6.11%	5.625%	$572.97
4	3.49%	5.625%	$572.97
5	2.00%	5.625%	$572.97
6	1.24%	4.00%	$484.94
7	1.89%	4.25%	$495.54
...			
12	14.80%	12.50%	$881.22

Como podrás ver, el pago mensual y la tasa de interés se mantuvieron fijos durante los primeros 5 años, aunque el índice *1 Yr T–Bill* haya cambiado cada año. A partir del sexto año, la tasa de interés y, por lo tanto el pago mensual, cambió cada año, siguiendo los ajustes del índice de la Tesorería.

Mientras más baja sea la tasa de interés, mejor

Mientras más baja sea la tasa de interés, mejor

Una vez que hayas decidido cuál es la cantidad mensual máxima que estás dispuesto a pagar, escoge el programa de préstamo que te ofrezca la tasa de interés más baja posible (tomando en cuenta tu preferencia por la variabilidad y riesgo), para que así tengas un capital inicial más alto o pagos mensuales más bajos, dependiendo de qué es lo que quieres, si comprar una casa más grande o tener un ahorro mensual mayor.

Pagos mensuales

En el negocio de los préstamos hipotecarios, los pagos mensuales generalmente se realizan al final de cada mes, a diferencia, por ejemplo, del pago del alquiler, que se realiza al principio del mes.

En un préstamo amortizado (más acerca de la amortización en la siguiente sección), el pago mensual será fijo y siempre será una combinación del pago del capital y de los intereses. De esta manera, al final del período del préstamo, el prestatario habrá terminado de pagar el préstamo en su totalidad.

Los pagos del préstamo hipotecario hay que hacerlos cada mes

Por otro lado, en un préstamo de sólo interés, durante el período inicial el prestatario no paga mensualmente más que el interés, que es lo que corresponde a la obtención del préstamo. Al final del período inicial del préstamo, el prestatario seguirá debiendo el 100% del capital inicial.

Pago mensual del capital e interés *(Principal & Interest-PI)*

El pago mensual calculado por la amortización es lo que se conoce como *PI* o *Principal & Interest* (capital e interés).

Cálculo del pago mensual *(PI)* y sólo interés

> ### Cálculo del pago mensual al capital y al interés *(PI)* vs. sólo interés (en dólares americanos)
>
> Por un préstamo de $100,000:
>
> a) a 30 años, al 7% con tasa de interés fija, el pago mensual *(PI)* será de $665.30 durante el tiempo que dure el préstamo.
>
> b) con tasa de interés variable cada mes (al 5% "este mes"), el pago mensual *(PI)* de "este mes" será de $416.66 (sólo interés, pues *P* es cero).

En un préstamo de sólo interés, el pago mensual al capital es de $0.

Pago mensual del capital, interés, impuestos y seguro *(Principal, Interest, Taxes, Insurance–PITI)*

Al pago mensual *(PI)* se le suman los impuestos de la propiedad *(taxes-T)* y el pago de la prima del seguro contra siniestros *(insurance-I)* para obtener la cantidad a pagar *PITI*.

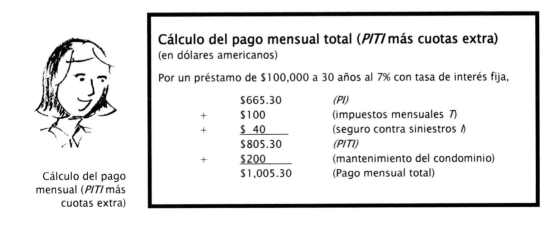

Cálculo del pago mensual (PITI)

Cálculo del pago mensual del capital, interés, impuestos y seguro *(PITI)*

Por un préstamo de US$100,000:

a) a 30 años al 7% con tasa de interés fija,

	$665.30	(capital + interés *PI*)
+	$100	(impuestos mensuales *T*)
+	$ 40	(seguro contra siniestros *I*)
	$805.30	*(PITI)*

b) con tasa de interés variable cada mes (al 5% "este mes"),

	$416.66	(sólo interés, *P* es cero)
+	$100	(impuestos mensuales *T*)
+	$ 40	(seguro contra siniestros *I*)
	$556.66	*(PITI, P* es cero)

Cuotas extra

Si la propiedad que estás interesado en comprar requiere de un pago extra al mes por cargos de mantenimiento (como en el caso de un condominio o de una asociación de propietarios), esta cantidad se le sumará al *PITI* para obtener tu pago mensual total.

Cálculo del pago mensual (PITI más cuotas extra)

Cálculo del pago mensual total *(PITI* más cuotas extra)
(en dólares americanos)

Por un préstamo de $100,000 a 30 años al 7% con tasa de interés fija,

	$665.30	*(PI)*
+	$100	(impuestos mensuales *T*)
+	$ 40	(seguro contra siniestros *I*)
	$805.30	*(PITI)*
+	$200	(mantenimiento del condominio)
	$1,005.30	(Pago mensual total)

Amortización *(amortization)*

La amortización es una fórmula matemática con la que se calcula la cantidad del pago mensual *PI* de un préstamo con tasa fija a partir de:

- la cantidad inicial del préstamo
- el número total de pagos a realizar (el período del préstamo en meses)
- una tasa de interés fija

Por medio de la amortización, el prestamista determina la cantidad que deberás pagar cada mes para que al final del período del préstamo éste quede liquidado. Cada mes la cantidad de tu pago será la misma, e incluirá parte del interés y parte del capital. Es por esta razón que los primeros meses (y años) del préstamo, la mayor parte del pago mensual será para el pago de intereses y, hacia el final del período total del préstamo, la mayor parte del pago mensual será para el pago del capital.

Cálculo del pago mensual usando la fórmula de la amortización

Cálculo del pago mensual *PI* de un préstamo con tasa de interés fija usando la fórmula de la amortización
(en dólares americanos)

Capital inicial del préstamo	$90,000
Número total de pagos a realizar (30 años x 12 meses)	360 pagos mensuales
Tasa de interés fija (anual)	7 %
PAGO MENSUAL *PI*	$ 599 (fijo durante 30 años)

Además, al final del período del préstamo de 30 años habrás terminado de pagar:

Capital inicial	$ 90,000
Más interés total	+ $125,558
MONTO TOTAL DEL PRÉSTAMO	$215,558

Otros conceptos importantes del préstamo

Puntos porcentuales de descuento *(discount points)*

El 1% de una cantidad es un punto porcentual. En otras palabras, US$1 es un punto porcentual de US$100. Es muy común que los prestamistas te ofrezcan una cierta tasa del interés a cambio de que pagues puntos de descuento por adelantado.

Un punto de descuento es el 1% del préstamo

Pago de puntos de descuento (en dólares americanos)

El prestamista te ofrece un préstamo con capital inicial de $100,000 a 30 años y te da dos opciones de tasas de interés:

OPCIÓN A: Tasa del 8% con 0 puntos. Tu pago mensual del capital y el interés (PI) será de $733.76. Al final de los 30 años habrás pagado un ?264,155.

el 7% con 2 puntos ($2,000). Tu pago mensual del ; (PI) será de $665.30. Al final de los 30 años habrás total de $239,509.

cionar la Opción B podrías ahorrar $68.46 ños del préstamo. Sin embargo, tendrás que ento del cierre. Tu inversión de $2,000 la ses).

un período de más de dos años y medio, es 2,000 al momento del cierre, así te habrás

si en lugar de pagar los dos puntos zaras esos $2,000 para invertirlos en una ; o en una cuenta a plazo fijo, acciones, de interés anual que necesitarías obtener r un plazo a 30 años tendría que ser, en promedio, mayor del 8%, a fin de obtener una ganancia similar a los $24,646.

Si piensas vender la casa dentro de un plazo menor al que necesitas para poder recuperar tu inversión (como en el ejemplo anterior de los dos años y 6 meses), pagar puntos por adelantado puede salirte más caro que pagar una tasa de interés más alta.

Puntos, puntos, puntos

Puntos Porcentuales

Cada punto corresponde a un 1% de la cantidad total del préstamo. Algunos prestamistas ofrecen alternativas para que al pagar puntos por adelantado la tasa de interés del préstamo disminuya por una fracción (disminuyendo así tu pago mensual). Generalmente, a menos de que pienses quedarte con la propiedad por un período largo, el pago de puntos no es una buena inversión a corto plazo.

Los puntos porcentuales (o de descuento) que pagues para disminuir la tasa del interés de tu préstamo, así como el interés anual, son deducibles de impuestos. Platica con tu asesor fiscal o especialista en impuestos para más detalles.

Seguro hipotecario *(Mortgage Insurance-PMI, LPMI, MIP)*

Los prestamistas requerirán un seguro hipotecario cuando al hacer un préstamo consideren que existe un riesgo mayor. Es común que un prestamista requiera este tipo de seguro cuando la relación entre el monto del préstamo y el valor de la propiedad *(Loan To Value–LTV)* es mayor al 80%; es decir, cuando el pago inicial es menor al 20% del precio de venta.

Loan to Value (LTV)

Relación entre el monto del préstamo y el valor de la propiedad (Loan To Value–*LTV*) (en dólares americanos)	
Si el valor de la propiedad es de	$125,000
y el enganche es solamente de	− $ 20,000
el préstamo tendrá que ser de	$105,000
El *LTV* es del 84% ($105,000 es el 84% de $125,000)	

El seguro hipotecario lo pueden otorgar particulares *(Private Mortgage Insurance–PMI)* o alguna entidad del gobierno, como en el caso de los préstamos *FHA* y *VA (Mortgage Insurance Premium–MIP)*. El pago de la prima es responsabilidad de quien obtiene el préstamo (en este caso, tú). En algunos casos, el prestamista hace los pagos de la prima a cambio de una tasa de interés más alta *(Lender Paid Mortgage Insurance– LPMI)*.

Los préstamos *FHA* tienen el concepto de un seguro hipotecario inicial *(Upfront MIP)* que se paga al momento del cierre (éste puede incorporarse en el préstamo), y además un seguro hipotecario anual *(Annual MIP)* que se paga en 12 mensualidades, cada año, mientras sea necesario.

Es posible que en el futuro puedas cancelar el seguro hipotecario que hayas obtenido. Tu prestamista te podrá indicar los requisitos para cancelarlo; en general, se puede cancelar cuando el porcentaje del préstamo es menor al 80% del valor de la propiedad o de la cantidad original de venta. Esto puede suceder de varias maneras:

Hacer pagos por adelantado
Si tu préstamo te permite hacer pagos por adelantado sin cargos extra, una manera de incrementar tu capital es haciendo un pago grande. (Esta es una buena oportunidad para hacer uso del bono de fin de año o de algún regalo en efectivo que te haya hecho algún familiar.)

Seguir el plan de pagos original

Podrías hacer los pagos mensuales periódicamente, conforme al plan original de pago, hasta que obtengas las cantidades requeridas. Como ya mencionamos, en un préstamo amortizado, el pago mensual está constituido por el interés y el capital. Conforme vayas haciendo los pagos, llegará un momento en el que los abonos que hayas hecho al capital serán suficientes para que la relación entre el préstamo y el valor de la vivienda (o la cantidad original de venta) sea menor a aproximadamente el 80%.

Aprovechar que la propiedad haya aumentado de valor

Si compraste tu casa en un área en donde el valor de los bienes raíces esté incrementando, tal vez puedas obtener un segundo avalúo de tu propiedad para comprobar que el valor de tu casa haya subido y, por lo tanto, que tu capital también haya aumentado.

No confundas el seguro hipotecario con el seguro contra siniestros

El seguro hipotecario cubre el riesgo del prestamista en caso de que dejes de pagar la hipoteca y el valor de la vivienda sea más bajo que el valor del préstamo.

El seguro contra siniestros protege tu casa contra robo, incendio, etc.

Período de validez de la tasa de interés y traba (lock-in)

Al hacer tu solicitud formal para obtener un préstamo, el prestamista te podrá ofrecer la opción de trabar la tasa de interés por un cierto período: típicamente por 30 ó 60 días. Si necesitas trabar la tasa de interés por un período mayor a 60 días (por ejemplo, si estás comprando una casa en construcción), lo más seguro es que tengas que pagar una cuota extra, probablemente de un par de puntos porcentuales.

La traba mantiene fija la tasa de interés disponible, al día que hiciste la solicitud formal y pagaste el cargo por la solicitud. La traba permitirá que cuando se complete la transacción de compra-venta de tu casa, tu tasa de interés sea la que originalmente seleccionaste para tu préstamo. Trabar la tasa de interés te protege, en caso de que las tasas de interés suban, mientras completas el proceso de la compra de tu casa.

También es posible que las tasas de interés bajen durante el período de la traba. Algunos prestamistas te dan la oportunidad de bajar también tu tasa de interés (si fuera posible) una o dos veces durante este período.

Traba

Traba (en dólares americanos)

El prestamista te ofrece un préstamo de $100,000 a 30 años con una traba a 60 días y una tasa de interés fija al 7%. También te da la opción de bajar la tasa si los intereses bajan durante el período de tu traba.

DÍA	TASA ESE DÍA	TASA TRABADA	PAGO MENSUAL (Principal & Interest-PI)
1	7.00%	7.00%	$661.44
...			
45	7.75%	7.00%	$661.44
...			
59	6.75%	6.75%	$644.97
...			
61	7.75%	–vencida–	$720.34

En este ejemplo, tu tasa de interés será del 6.75% si cierras la transacción dentro de los 60 días predeterminados.

Posibilidad de transferencia, traspaso o anulación de hipoteca *(assumption)*

En ciertos casos (como en el de algunos préstamos VA) el préstamo puede transferirse a un futuro comprador. Pocos prestamistas ofrecen esta opción pero, si tu préstamo lo permite, la posibilidad de la transferencia de tu préstamo podría ser una opción muy atractiva para quienes quisieran comprar tu propiedad; sobre todo si en el futuro las tasas de interés de los préstamos estuvieran más altas que la tasa de interés de tu préstamo actual.

Cargo o multa por pagos adelantados *(pre-payment penalty)*

De acuerdo al plan de pago preestablecido, algunos programas de préstamo no permiten que el prestatario disminuya la cantidad del préstamo, abonando al capital por adelantado.

En algunos casos, cuando el crédito del prestatario (el que pide el préstamo) no es bueno o si su crédito es insuficiente, el prestamista querrá que el préstamo otorgado tenga una tasa de interés más alta que la tasa promedio. Si el prestatario logra mejorar su crédito dentro de los siguientes 6 meses o un año (a partir de la obtención del préstamo), podría conseguir un mejor préstamo y pagar por completo el préstamo original. El prestamista se protege de situaciones como ésta, imponiendo multas o cargos por el pago adelantado del préstamo.

Capítulo 7
¿Cuál es el proceso de aprobación del préstamo?

Si ya seleccionaste al prestamista con el que quieres trabajar y encontraste la casa que quieres comprar, ahora es el momento de hacer una solicitud formal para el préstamo. Una vez hecha la solicitud, deberás entregar la documentación necesaria que compruebe la información que proporcionaste en dicha solicitud.

Las siguientes secciones te ayudarán a comprender con más detalle cada una de las actividades relacionadas con el proceso de aprobación de tu préstamo.

Solicitud por escrito *(application)* y pago de honorarios por la solicitud *(application fee)*

Haz tu solicitud para el préstamo, por escrito

La solicitud por escrito debe incluir toda tu información financiera y la de las demás personas que vayan a obtener el préstamo contigo. Si solicitaste una aprobación preliminar (preaprobación), es probable que el prestamista ya tenga la mayor parte de la información que necesita para iniciar la aprobación definitiva de tu préstamo.

Algunos prestamistas te ofrecen la oportunidad de hacer la solicitud por escrito a través de su sitio de Internet. Más tarde te darán una copia impresa de la solicitud para que la firmes a fin de completar el proceso.

Cada prestamista tiene sus propias tarifas u honorarios (no reembolsables) que hay que pagar cuando se llena una solicitud. Ten en cuenta que además de los honorarios por cada solicitud, el prestamista te proporcionará otros servicios por los que también tendrás que pagar honorarios adicionales (como por ejemplo, la revisión de tu historial de crédito).

Después de haber iniciado el proceso formal para obtener el préstamo, será necesario que cumplas con los requisitos que aparecen a continuación.

Entrega de la documentación requerida por el prestamista

Como se mencionó anteriormente, existen diferentes tipos de préstamo. Algunos de estos préstamos no requieren documentación alguna ni comprobantes. Como consecuencia, las tasas de interés son más altas; sin embargo, para la mayoría de los programas de préstamo, siempre será necesario proporcionar algunos documentos.

Entrega toda la documentación requerida por tu prestamista

Ejemplo de documentación que posiblemente te pidan:

- comprobantes de ingresos (copia de los últimos dos o tres cheques que hayas recibido de la compañía para la que trabajas y de las Formas W-2 de los últimos dos años),

- declaración de impuestos (copia de las Formas 1040 con tus declaraciones de los últimos dos a tres años) y tu número de seguro social o número de identificación de contribuyente *(TIN)*,

- comprobantes de activos [copia de tus estados de cuenta de ahorros, de cheques, de plazo fijo de tu banco *(certificates of deposit–CD)*, estados de cuenta de tus acciones en la bolsa de valores *(stocks)*, entre otros].

- cartas promisorias (algunos de los programas de préstamo aceptan regalos en efectivo de amigos o familiares del comprador para ayudarle con el pago inicial y/o los gastos de cierre; si este fuera el caso, el prestamista necesitará una carta de tu amigo o familiar, confirmando su intención de hacerte un regalo en efectivo para la compra de tu futura vivienda),

- comprobantes de tu estado migratorio (copia de pasaporte, tarjeta de residente o visa),

- copia de las sentencias judiciales para el pago de pensión *(alimony)* a tus hijos o ex-cónyuge, etc.

Exige la documentación que el prestamista deberá entregarte de acuerdo a la Ley Federal RESPA *(Real Estate Settlement Procedures Act)*

El prestamista que hayas seleccionado deberá proporcionarte cierta documentación que solicita la Ley, que requiere que haya veracidad en el préstamo *(Truth in Lending Act)*, que es parte de la Ley Federal *RESPA*.

Esta documentación incluye:

Exige la documentación que, por ley, te corresponde

- estimado de buena fe de tus gastos de cierre,
- tabla detallada de la tasa de interés que te hayan ofrecido,
- descripción clara del tipo de programa de préstamo que hayas seleccionado,
- cantidad del pago mensual,
- cálculo anualizado de lo que te costará el préstamo (expresado como un porcentaje– *APR*) y
- todos los demás detalles del préstamo.

Asegúrate de comprender perfectamente qué es lo que te está ofreciendo el prestamista y cuánto es lo que te va a costar para que más adelante no te sorprendas por algún punto no cubierto.

Proceso de suscripción *(underwriting)*

Durante este proceso, el suscriptor de tu prestamista (es decir, la persona autorizada para aprobar la hipoteca) evaluará lo siguiente:

- tu solicitud de préstamo,
- la documentación que tu agente de préstamos te haya solicitado,
- el reporte de crédito,

- los resultados de la valuación de la propiedad,
- los resultados de la inspección *FHA* o *VA* y

- los demás documentos necesarios descritos en la sección que aparece más adelante: "¿Otros requisitos para la aprobación del préstamo?".

El suscriptor procederá a la aprobación del préstamo en cuanto queden cubiertas todas las condiciones para otorgarlo.

Valuación de la propiedad *(appraisal)*

El prestamista contratará a un valuador para que proporcione su opinión respecto al valor de la casa que estás por comprar.

Entre los gastos de cierre, tienes que tomar en cuenta los honorarios del valuador. Probablemente tengas que pagar estos honorarios por adelantado. Si no fuera necesario cubrir el pago por adelantado, podrás hacerlo al momento del cierre.

Los prestamistas utilizan los datos del avalúo de la casa para decidir de cuánto será tu préstamo. El valor de la propiedad, menos el pago inicial requerido por el programa de préstamo serán los indicadores de la cantidad máxima que se te podrá prestar.

Ajuste del monto del préstamo después de la valuación

Ajuste del monto del préstamo (el capital inicial) después de la valuación (en dólares americanos)	
Precio de venta	$125,000
Pago inicial del 20%	− $ 25,000
Monto del préstamo	$100,000
DESPUÉS DE LA VALUACIÓN	
Valor de la propiedad	$115,000
Nuevo pago inicial del 20%	− $ 23,000
MONTO DEL PRÉSTAMO, AJUSTADO	$ 92,000

Cómo incluir los gastos de cierre en el préstamo

Pregúntale a tu prestamista si puedes incluir los gastos de cierre

Si el valor de la propiedad, según la opinión del valuador, fuera mayor que el precio de venta, es posible que dentro del mismo préstamo puedas incluir los gastos de cierre. Pregúntale a tu prestamista si dispones de esta opción.

Cómo incluir los gastos de cierre dentro del préstamo

Cómo incluir los gastos de cierre dentro del préstamo (en dólares americanos)

Precio de venta	$125,000
Pago inicial del 20%	– $ 25,000
Monto del préstamo	$100,000

Después de la valuación	
Valor de la propiedad	$130,000
Pago inicial del 20%	– $ 26,000
MONTO DEL PRÉSTAMO, AJUSTADO	$104,000

En este caso, si el prestamista ofrece la opción, el comprador podría utilizar los $4,000 para cubrir todos o parte de sus gastos de cierre.

Inspección (sólo para préstamos *VA* y *FHA*)

Los préstamos *VA* y *FHA* piden, como requisito adicional, que un inspector autorizado haga una inspección física de la casa. Si el inspector considera necesario que se efectúen reparaciones, todas tendrán que realizarse satisfactoriamente para que tu préstamo sea aprobado.

¿Otros requisitos para la aprobación del préstamo?

Además de los requisitos financieros, existen otras condiciones impuestas por el prestamista que, a criterio del mismo prestamista, deberás cubrir para poder obtener un préstamo; como por ejemplo:

- obtener seguros contra siniestros, contra demandas legales y contra inundaciones para proteger la propiedad *(homeowner's insurance)*,
- obtener un seguro de escrituras *(title insurance)* para proteger los intereses del prestamista, en caso de que hubiera algún problema con las escrituras de la casa,

- conseguir un análisis topográfico del terreno *(survey)*,

- depositar cierta cantidad de dinero como reserva *(escrow account)*, para que el prestamista pague directamente la prima del seguro contra siniestros y los impuestos de la propiedad, entre otros.

Seguro contra siniestros y contra demandas legales por negligencia *(homeowner's insurance)*

El seguro contra siniestros protege tu inversión

Tu prestamista requerirá que obtengas un seguro contra siniestros *(homeowner's insurance)*–que incluye robo, incendio, nieve o hielo–para proteger la vivienda que estás por comprar, y que pagues un año de protección por adelantado. Este seguro también deberá incluir protección contra demandas legales, gastos médicos a terceros y por gastos legales (en el caso de que la demanda sea por negligencia).

Un buen seguro protege no sólo el edificio en sí, sino también una parte o hasta la mayoría de los bienes materiales dentro de la casa (excepto ciertos artículos de lujo como joyería, obras de arte, etc.). Si se desea incluir los artículos de lujo, será necesario obtener un anexo *(rider)*; esto aumentará un poco el costo del seguro.

El costo de un seguro se divide en dos partes:

Prima del seguro contra siniestros
El seguro te costará una cierta cantidad llamada prima *(premium)*. La prima puede pagarse una vez al año o dividirse en varios pagos mensuales.

Deducible del seguro contra siniestros
Cantidad que deberás pagar de tu bolsillo, en caso de que tuvieras que hacer alguna reclamación a tu aseguradora por algún siniestro o demanda legal. El deducible es una manera de compartir el riesgo con la aseguradora. Mientras más alto sea tu deducible, menos riesgo representará para la aseguradora y la prima del seguro será más baja.

Cobertura de un seguro contra siniestros

Tabla con ejemplo simplificado de la cobertura del seguro con un deducible de US$500

PRIMA ANUAL	$600
COBERTURA CONTRA SINIESTROS	
Casa	hasta $100,000
Bienes materiales	hasta $ 80,000
PROTECCIÓN CONTRA DEMANDAS	
Daños a la propiedad de terceros	hasta $100,000
Gastos médicos a terceros	hasta $ 1,000

Certificación y seguro para zonas con peligro de inundación *(flood insurance)*

Algunas zonas que se encuentran cerca del mar, de ríos, de lagos o de otras fuentes de agua llegan a inundarse. Este seguro protege al dueño de una vivienda (y al prestamista) contra inundaciones de este tipo (no incluye inundaciones por descomposturas de la plomería).

Si la vivienda que has seleccionado para comprar se encuentra en una de estas zonas, el prestamista necesitará que obtengas este tipo de seguro antes de otorgarte el préstamo. La prima de este tipo de seguro sólo se paga una vez, al momento del cierre.

El prestamista contratará a una compañía especializada en analizar zonas de inundación para que emita un documento indicando en qué tipo de zona de inundación se encuentra la propiedad (o si, por el contrario, no se encuentra en una zona que corra peligro de sufrir inundaciones). Dependiendo de este certificado, el prestamista determinará la cantidad que deberás pagar por la prima del seguro para zonas con peligro de inundación. Los honorarios de la compañía que otorgue el certificado también serán parte de tus gastos de cierre.

Seguro de las escrituras *(title insurance)*

El seguro de las escrituras sólo se paga una vez

El seguro de las escrituras es uno de los pocos seguros retroactivos. Este seguro te cubrirá en caso de que hubiera algún problema con respecto a las escrituras de tu propiedad que se haya originado en el pasado. Por ejemplo, si algún supuesto dueño anterior no hubiera sido el dueño legítimo, todos los dueños subsecuentes tampoco serían dueños legítimos, incluyéndote a ti.

Si no compraras el seguro de las escrituras y se descubriera algún problema, los verdaderos dueños (o sus herederos) tendrían derecho a tomar posesión de la propiedad, y tú te quedarías sin ella. Con el seguro de las escrituras, la compañía aseguradora se encargará de protegerte, comenzando por contratar a abogados que te representen ante la Corte, en caso de pérdida parcial o total de la propiedad, ocasionada por algún problema con las escrituras.

Los verdaderos dueños te podrían demandar por el valor total de la propiedad y no necesariamente por querer quedarse con tu casa. En este caso, el seguro de las escrituras cubrirá tus gastos de litigio y, si perdieras el caso, haría los pagos necesarios (hasta el límite predeterminado en tu póliza en el momento en que la contrataste).

Existen diferentes opciones para obtener este seguro. El prestamista te exigirá que compres la cantidad mínima para proteger sus propios intereses. Te recomendamos que además, consideres comprar la cantidad adicional necesaria para que te protejas como dueño de la propiedad, y que también consideres comprar la opción de cobertura amplia *(enhanced title insurance)* que, entre otras cosas, incrementa el valor de la póliza conforme aumenta el valor de tu casa.

El seguro de las escrituras no es lo mismo que el seguro contra siniestros

El seguro de las escrituras te protege contra problemas **del pasado** que pudieran afectar tus derechos como dueño de la propiedad. El seguro contra siniestros te protege **a futuro**, en caso de que tu casa se viera afectada por robo, incendio, nieve o hielo, o algún otro evento cubierto por este tipo de seguro.

Investigación del historial de las escrituras

Antes de poder obtener el seguro de las escrituras, la compañía aseguradora exige que una compañía especializada investigue el historial de las escrituras de la propiedad.

Generalmente el abogado o agente de cierre (si es que no tiene un departamento especializado en este tipo de investigaciones) es quien se encarga de contratar a alguien para que te proporcione este servicio.

Análisis topográfico del sitio *(survey)*

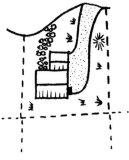

Es importante que sepas cuáles son los límites de tu propiedad

Para asegurarte que los límites del terreno de la propiedad que estás por comprar sean los correctos, tendrás que contratar los servicios de un inspector catastral *(surveyor)*. Si utilizas los servicios de un abogado o agente de cierre, es posible que ellos se encarguen de contratar al inspector.

El inspector catastral deberá entregarte un esquema en donde aparezcan delineados los límites del terreno, así como la ubicación de la construcción y otros detalles pertinentes que deberás revisar antes de firmar los papeles finales de compra-venta.

Cuenta de depósito en garantía como reserva
(escrow account)

Para asegurarse de que todo esté en orden durante todo el período del préstamo, la mayoría de los prestamistas hacen los pagos de los impuestos de la propiedad y de la prima del seguro contra siniestros, con dinero que tú habrás depositado por adelantado para este propósito. Al momento del cierre, el prestamista requerirá que deposites como reserva cuando menos el equivalente al pago de 2 ó 3 meses (en una cuenta especial para este propósito, cuyo número él se encargará de proporcionarte).

Resumen del proceso de aprobación del préstamo:
1. Hacer una solicitud por escrito y pagar los honorarios por la solicitud.
2. Entregar la documentación requerida por el prestamista.
3. Recibir la documentación que te corresponde de acuerdo a la ley *RESPA*.
4. Esperar durante el proceso de suscripción.
5. Cumplir con los demás requisitos del prestamista.

Capítulo 8
¿Cómo seleccionar al mejor prestamista y el mejor programa de préstamo?

Cada oferta de préstamo es diferente

Cuando te hayas puesto en contacto con uno o dos prestamistas, te darás cuenta de que comparar los programas de préstamo que te ofrezcan es un proceso fácil, pero requiere un poco de tu atención. Cada programa de préstamo tiene diferentes requisitos, diferentes tasas de interés y diferentes plazos. También cada prestamista tiene diferentes honorarios. Cada decisión tiene aspectos a favor y aspectos en contra.

Cómo seleccionar a tu prestamista

Los factores importantes que debes tomar en cuenta para tomar una buena decisión con respecto al prestamista son:

El servicio al cliente es una cualidad muy importante

Servicio al cliente
¿Qué tan a gusto te sientes trabajando con el banco y sus representantes? Si son corteses, dan respuestas claras a tus preguntas y dentro del tiempo prometido, es probable que su servicio al cliente en general sea bueno. Sin embargo, lo más importante es que obtengas referencias de dicho prestamista para que te asegures de que ha cumplido con la promesa de otorgar los préstamos a tiempo, sin problemas mayores y sin costos sorpresa.

Costos por sus servicios
¿Cuánto te cobrará por los diferentes honorarios? Compara los costos específicos del prestamista por medio de los estimados de buena fe *(good faith estimate)* que te haya proporcionado cada uno para que puedas decidir cuál es el que más te conviene.

Cómo seleccionar el préstamo

Para seleccionar el mejor préstamo para tu situación, compara los siguientes componentes de cada préstamo. Utiliza la tabla del final de este capítulo para ayudarte a comparar entre los diferentes préstamos.

Tasa de interés (mientras más baja, mejor para ti)

Como ya hemos mencionado, la tasa de interés es un factor muy importante para determinar cuánto dinero puedes pedir prestado y cuánto tendrás que pagar cada mes. Compara las tasas de interés que cada prestamista te ofrezca con programas de préstamo similares (tasas fijas con tasas fijas, tasas variables con tasas variables, etc.) y recuerda que mientras más baja sea la tasa de interés, mejor será para ti.

Al seleccionar un préstamo con la mejor tasa de interés, recuerda también tomar en cuenta todos los demás costos y detalles de cada programa.

Mientras más baja la tasa de interés, mejor

Programas de préstamo disponibles

Como ya habrás visto, cada prestamista tiene diferentes programas de préstamo: garantizados por el gobierno o no, con o sin pago inicial, con o sin documentación, con tasa de interés fija o variable, etc. Muchos programas son parecidos, pero tal vez haya alguno que se ajuste mejor a tus necesidades. Pide que te expliquen todo a detalle para que puedas tomar una buena decisión.

Costos de cada programa de préstamo

Compara los diferentes costos de cada programa. Algunos requieren cargos por financiamiento, otros requieren que pagues puntos de descuento y otros, el pago de la prima mensual de la póliza de seguro para la hipoteca *(mortgage insurance – MI)*.

Cálculo anualizado del costo del préstamo expresado como un porcentaje *(Annual Percentage Rate–APR)*

El *APR* se calcula sobre la tasa de interés y se le agregan otros gastos directamente relacionados con el préstamo, como son: los puntos, todos los cargos y honorarios del prestamista, y otros costos. El resultado del cálculo se expresa como una tasa porcentual anual para ayudarte a comparar los costos entre préstamos similares. Mientras más bajo el *APR*, más barato el préstamo a largo plazo.

Al hacer una solicitud formal para obtener el préstamo, tu prestamista deberá proporcionarte el Informe de Divulgación de Veracidad del Préstamo *(Truth in Lending Disclosure Statement)*. En este informe se detalla el cálculo anualizado del costo del préstamo *(Annual Percentage Rate-APR)*. La intención del Informe es la de ayudar al consumidor a comparar el costo real de cada programa de préstamo para que pueda tomar la mejor decisión.

Cantidad en efectivo con que deberás contar

Escoge el préstamo que
más te convenga

Además de tomar en cuenta los detalles del préstamo que te afectarán a largo plazo, también es importante calcular la cantidad de dinero al contado que tendrás que pagar al momento de obtener el préstamo. Con estas dos cantidades podrás decidir cuál es el mejor programa de préstamo, de acuerdo a tu particular situación.

Tabla comparativa con información básica de tres diferentes préstamos (el primero, *FHA*; el segundo, convencional con tasa ajustable *ARM*; el tercero, convencional con tasa fija):

	Préstamo *FHA*	Préstamo *ARM*	Préstamo Tasa Fija
Información básica de cada préstamo			
Nombre del banco o institución financiera	Banco Bueno	Banco Bonito	Banco Barato
Nombre del representante (prestamista)	José A.	María B.	Pancho C.
Tipo de hipoteca (Fija, *ARM*, *FHA*, *VA*, etc.)	*FHA*, fija	*ARM*	Fija

Siguiendo la tabla anterior, registramos los detalles de cada préstamo:

	Préstamo *FHA*	Préstamo *ARM*	Préstamo Tasa Fija
Precio máximo de la casa que puedes comprar, de acuerdo al prestamista (basado en tu precalificación).	$100,000	$102,000	$95,000
Pago inicial o enganche mínimo	3.5% = $3,500	20% = $20,400	15% = $14,250
Cantidad del préstamo	$96,500	$81,600	$80,750
Duración del préstamo (plazo)	30 años	30 años	30 años
Tasa de interés inicial	7 %	6.875 %	7.25 %
Puntos de descuento (se calculan sobre la cantidad del préstamo)	0	0	1% = $807

Acerca de los seguros hipotecarios *MIP* y/o *PMI*:

	Préstamo FHA	Préstamo ARM	Préstamo Tasa Fija
Prima inicial del seguro hipotecario *(Upfront MIP)* – puede incluirse en el préstamo.	$1,689	No hay	No hay
Prima mensual del seguro hipotecario *(MIP anual o PMI)*	$44.23	0	$50
¿Es posible cancelar el *PMI?* ¿Cuándo?	El seguro anual se puede cancelar cuando la cantidad a deber sea menor al 78% del valor original de la casa.	No hay *PMI*	Si, cuando la cantidad a deber sea menor al 80% del valor de la casa.

Cálculo del pago mensual:

	Préstamo FHA	Préstamo ARM	Préstamo Tasa Fija
Pago mensual *(PI)*	$997.75	$825.91	$857.33
Pago mensual de impuestos y seguro *(TI)*	$150	$150	$100
Pago mensual total *(PITI + PMI)*	$1191.98	$975.91	$1,007

Acerca de la tasa de interés, la traba y los posibles cargos por pagar por adelantado:

	Préstamo FHA	Préstamo ARM	Préstamo Tasa Fija
¿Por cuánto tiempo te garantizan la tasa de interés (tasa de interés trabada)?	30 días a partir del pago de solicitud	60 días a partir del pago de solicitud	30 días a partir del pago de solicitud
¿Si las tasas de interés bajan, te autorizan ajustes hacia abajo de tu tasa de interés?	Si	Si	No
¿Existen cargos por pago por adelantado? ¿Cuánto dura el período del cargo?	No	No	Si, 2 años.

Costos de cada prestamista (ver sección "¿Cuánto te va a costar el prestamista?" al final del Capítulo 4) :

	Préstamo FHA	Préstamo ARM	Préstamo Tasa Fija
Honorarios totales del prestamista	$1,455	$1,000	$2,500
Costos indirectos del prestamista	$679	$571	$890
Otros cargos del prestamista	$100	$0	$500
Total de cargos y honorarios del prestamista	$2,234	$1,571	$3,890
¿Cuánto dinero al contado necesitarás al momento del cierre para cubrir solamente los costos relacionados con el préstamo (costos del prestamista más enganche)?	$5,234	$21,971	$19,090

Datos que se aplican solamente para programas de préstamo con tasas de interés ajustables:

	Préstamo FHA	Préstamo ARM	Préstamo Tasa Fija
Tasa inicial		6.875 %	
Período de la tasa inicial		5 años	
¿Cada cuándo se ajustará la tasa?		Cada año	
¿Cuál es el índice base de la tasa de interés?		*1 Yr T–Bill*	
¿Cuánto es lo máximo a lo que podría subir la tasa en un año y durante el período restante del préstamo?		2 % al año, hasta 12%	
Calcula la cantidad de tu pago *PI* con las tasas máximas, en el año en el que la tasa de interés comience a variar		$1,020 al 8.875% y $1,367 al 12%	

De acuerdo con las tablas anteriores, y en este ejemplo específico,

¿Cuál es el préstamo que más te convendría, si estuvieras en esta situación?

	Préstamo *FHA*	Préstamo *ARM*	Préstamo Tasa Fija
El Préstamo *FHA*, si quieres pagar la cantidad más baja posible al momento del cierre.	**$5,234**	$21,971	$19,090
El Préstamo *ARM*, si quieres la casa más cara, o	$100,000	**$102,000**	$95,000
Si quieres el pago mensual más bajo durante los primeros 5 años del préstamo.	$1,191.98	**$975.91**	$1,007
El Préstamo Tasa Fija, si quieres el pago mensual más bajo durante el período total del préstamo.	$1,191.98	Entre $1,020 y $1,365	**$1,007**

Capítulo 9
¿Cuáles son los problemas más comunes al obtener un préstamo?

En este capítulo veremos algunos detalles adicionales con relación al préstamo; es decir, si éste se otorgó, o qué hacer en caso de que aún no se haya otorgado.

¿Qué precauciones debes tomar para no perder el préstamo?

Una vez que hayas precalificado para un préstamo, todavía habrá que esperar hasta que el préstamo sea procesado y finalmente otorgado para el día en que compres tu casa. Recuerda que es muy importante que durante este período–que puede durar días, semanas o meses–no hagas cambios en tu situación financiera, pues si los llegaras a hacer, el prestamista te podría negar el préstamo.

Antes de recibir la aprobación final del préstamo, no hagas ningún cambio

Mantén tu nivel de ingresos

Ya sea que tengas tu propio negocio, o que trabajes por hora, es importante mantener el mismo nivel de ingresos que el prestamista tomó en cuenta para darte la aprobación del préstamo. Si eres empleado de una compañía, mantén tu mismo empleo hasta que te otorguen el préstamo.

No cambies de empleo ni pierdas tu trabajo

Espera hasta después de que compres tu casa para hacer algún otro gasto mayor

Un cambio de trabajo –o peor aún– de línea de trabajo, puede costarte el préstamo. Por ejemplo: si anteriormente trabajabas en una compañía como analista y cambiaras de trabajo a uno de consultoría independiente (aunque fuera del mismo ramo), tu prestamista vería el cambio como un riesgo muy alto, pues tus ingresos podrían disminuir y tal vez no estarías en condiciones de pagar las mensualidades del nuevo préstamo.

De preferencia consigue un empleo que incluya las mismas responsabilidades y, sobre todo, en donde el salario sea igual o mayor al anterior.

Si por alguna razón perdieras tu empleo, comunícate inmediatamente con tu prestamista para que tengas una mayor probabilidad de salvar tu préstamo y consigue otro empleo lo más pronto posible.

No pidas más crédito ni otros préstamos

Si te ofrecen más crédito, no lo aceptes hasta después de comprar tu casa

Una vez hecha la solicitud para el préstamo hipotecario, es importante que mantengas tu puntaje de crédito cuando menos al mismo nivel, hasta que el préstamo te sea otorgado.

Como vimos en el Capítulo 2, "¿Cómo estar económicamente preparado?", tu puntaje bajará si pides o aceptas una tarjeta de crédito o cualquier otra línea de crédito; como por ejemplo, (entre otros) una segunda hipoteca sobre tu residencia actual o un préstamo para un auto nuevo o para comprar muebles, o tal vez un préstamo para tu educación o la de tus hijos *(student loan)*.

Tu puntaje también disminuirá si tu límite de crédito aumenta en una o en varias tarjetas (o en cualquier otra línea de crédito).

El obtener más crédito afecta no sólo tu puntaje de crédito sino otros cálculos importantes (como la relación entre tus ingresos y tus deudas), que tu prestamista toma en cuenta para otorgarte el préstamo hipotecario.

Sigue pagando a tiempo las mensualidades de tus préstamos actuales

Sigue pagando tus cuentas a tiempo

Por ningún motivo dejes de pagar las mensualidades de tus préstamos o tarjetas de crédito actuales. Tampoco olvides pagar a tiempo y en su totalidad las cuentas de los servicios que hayas contratado a tu nombre como son: la electricidad, el agua, el teléfono, el teléfono celular, etc. El dejar de pagar seguramente causará que tu puntaje de crédito disminuya.

No te comprometas a ser aval (co-signer)

Es posible que tus hijos, hermanos, padres u otras personas te pidan que seas su aval para poder alquilar un departamento o para que les otorguen su primera tarjeta de crédito, para pagar la escuela, o simplemente para contratar algún servicio (teléfono celular, etc.).

Durante el período en el que estés esperando a que te otorguen el préstamo hipotecario, lo mejor será que no te involucres. Al actuar como aval eres 100% responsable de la deuda. Avalar es prácticamente igual a que tú mismo pidas el préstamo. En párrafos anteriores se mencionó que es mejor, mientras esperas, no obtener más créditos para que tu puntaje de crédito no disminuya. Si ya eres aval de alguien, también asegúrate que esas cuentas sean pagadas a tiempo y en su totalidad.

No gastes el dinero de tu enganche, ni tus otros ahorros

Tu prestamista, además de tomar en cuenta cuánto dinero debes, también toma en cuenta cuánto dinero tienes ahorrado. Por supuesto que tener el dinero para el pago del enganche es esencial para obtener el préstamo, pero la cantidad de tus otros ahorros también es importante para que te otorguen el préstamo.

No prestes dinero de tus ahorros, ni hagas regalos en efectivo, ni hagas donativos mayores, ni compres más de lo absolutamente necesario de tu presupuesto normal de gastos (esto incluye muebles y otros detalles para la casa nueva).

¡No gastes tus ahorros todavía!

¿Qué hacer si el préstamo es rechazado?

En caso de que el prestamista que escogiste no te dé el préstamo, no pierdas las esperanzas, ¡busca otro prestamista! Y si este segundo tampoco te puede ayudar, ¡busca un tercero! ¡NO TE DES POR VENCIDO!

Recuerda que cada prestamista tiene sus propias reglas y requisitos para hacer préstamos. Si uno no funciona, es probable que con otro sí consigas el préstamo que deseas.

¿Te rechazaron por cuestiones de crédito?

Probablemente una de las razones por las que no pudiste obtener el préstamo se debió a que tu puntaje de crédito fue más bajo de lo que el prestamista requería. Tu puntaje de crédito puede estar bajo porque tu historial de crédito no es suficiente *(no credit)*, o porque tu historial de crédito es deficiente *(bad credit)*.

Una de las maneras para aumentar tus posibilidades de obtener un préstamo es incrementando tu puntaje de crédito; esto significa, mejorar tu historial de crédito.

¿Qué puedes hacer en caso de que no tengas suficiente historial de crédito?

En este caso, puedes conseguir en el banco una tarjeta de crédito asegurada. Con ésto y un poco de tiempo, incrementarás tu historial de crédito.

Las tarjetas de crédito aseguradas requieren un depósito en garantía de cuando menos el equivalente a la cantidad del crédito solicitado. De esta forma, al utilizar la tarjeta de crédito y hacer los pagos mensuales durante un par de meses, mejorarás tu historial de crédito. De preferencia, paga cada mes el total de lo que debes, y no solamente la cantidad mínima. Con eso evitarás endeudarte.

¿Tienes mal crédito?

Si tienes mal crédito, tendrás que trabajar para mejorarlo

Si tu crédito no es lo suficientemente bueno, recuerda que para mejorar tu historial de crédito deberás pagar a tiempo las mensualidades de todas tus deudas y también tus otras cuentas mensuales (como la electricidad, el teléfono, el gas, etc.). Si te has retrasado en tus pagos, ponte al corriente lo más pronto posible y comunícate con la persona o institución a quien le debas para que te ayude a mejorar tu reporte de crédito.

Acuérdate también de revisar tu historial de crédito y asegúrate que todo esté correcto. (Regresa al final del Capítulo 2 "¿Cómo estar económicamente preparado?", en donde encontrarás información detallada en la sección: "¿Cómo corregir errores en tu historial de crédito?")

Seguramente tu prestamista podrá ayudarte a mejorar tu historial crediticio, poniéndote en contacto con un asesor de crédito.

¿Cómo te puede ayudar un asesor de crédito?

Un asesor de crédito tiene herramientas para ayudarte con tu situación

Un asesor de crédito te indicará si es que se puede incrementar tu puntaje de crédito, liquidando algunas de tus cuentas de crédito o aclarando con cada banco la situación de cada una de ellas.

Cuando hayas cumplido con las recomendaciones de tu asesor de crédito, entonces él podrá mandar comprobantes de pago —o cartas que los prestamistas hayan proporcionado, en donde aparezcan las correcciones del caso— a las diferentes agencias de crédito (*credit bureau*) para que hagan una revisión rápida del puntaje (*rapid re-score*).

Si fuera necesario iniciar alguna reclamación formal directamente con la agencia de crédito (una reclamación más a fondo que la de una simple revisión rápida del puntaje), es posible que tu puntaje de crédito baje mientras se lleva a cabo la investigación.

Agencias de asesoría de crédito.

Existen agencias que, legalmente, se dedican a ayudar al consumidor a resolver problemas crediticios *(credit repair, credit counseling)*. Algunas compañías ofrecen un paquete *(credit repair kit)* con el que tú mismo podrás resolver cualquier problema de crédito, siguiendo los mismos pasos que siguen las agencias especializadas.

Si decidieras contratar a una agencia de asesoría de crédito, asegúrate que la agencia que contrates tenga buenas referencias, que haga todas las correcciones en forma legal y que te diga claramente, desde el principio, cuánto te va a cobrar por sus servicios.

Si prefieres arreglar tus problemas crediticios por tu cuenta, sin tener que pagarle a nadie por este servicio, tienes la opción de hacer una buena investigación en una biblioteca o puedes comenzar tu búsqueda en la página de Internet de la Comisión Federal de Comercio *(Federal Trade Comission-FTC)* www.ftc.gov/espanol.

¿Qué hacer si el enganche no es suficiente?

Recuerda que otra manera de tener mejores oportunidades para obtener un préstamo, consiste en que puedas contar con más fondos y que los utilices para dar un enganche mayor. Revisa de nuevo las sugerencias del Capítulo 2 de este mismo libro "¿Cómo estar económicamente preparado?" para que veas cómo puedes conseguir más dinero para el enganche.

Dependiendo del tipo de préstamo, es posible que puedas aceptar regalos de familiares o amigos; podrías también utilizar programas de asistencia para compradores primerizos, o aprovechar tu cuenta de ahorro para el retiro. Pregúntale a tu prestamista si puedes hacer uso de alguno de estos recursos.

¿Tus ingresos no son lo suficientemente altos o tienes muchas deudas?

También recordarás que, para establecer la cantidad que pueden prestarte, los prestamistas se basan en tu ingreso y en la relación de la cantidad de tus deudas mensuales con respecto a tus ingresos.

Si tienes pocas deudas, tal vez el problema sea que no tengas suficientes ingresos para comprar la casa que deseas. También es posible que la tasa de interés que te estén ofreciendo para el préstamo sea alta. Si logras que te bajen la tasa de interés, es probable que el prestamista apruebe tu préstamo (por ejemplo, pagando puntos o con un programa de préstamo diferente).

En caso de que tengas muchas deudas, trata de disminuirlas. Empieza por pagar las que tienen las mensualidades más altas para que tu relación deuda-ingresos mensuales baje y te sea más favorable. En la mayoría de los casos, al pagar tus deudas tu puntaje de crédito mejorará. Para que tu puntaje de crédito suba, consulta con un asesor de crédito, quien te recomendará cuáles deudas te conviene pagar primero.

¿El avalúo de la propiedad salió bajo y tu contrato de venta determina que debes pagar la diferencia en precio?

El valuador decide cuánto vale la casa que quieres comprar

Algunos prestamistas te darán la oportunidad de contratar a un segundo valuador para que obtengas una segunda opinión acerca del valor de la propiedad. Ten en cuenta que también tendrás que pagar por esa segunda valuación y tal vez hasta te salga un poco más cara por requerir el servicio a corto plazo.

En algunos Estados, los contratos de oferta para comprar una casa con un préstamo convencional incluyen una cláusula para proteger al comprador, en caso de que el valor de la casa (de acuerdo a la opinión del valuador) sea menor al precio de venta.

Los préstamos *FHA* y *VA*, independientemente del Estado en donde se encuentre la casa, requieren de dicha cláusula. Por ejemplo, en el Estado de Virginia, el contrato estándar de la Asociación de Realtors® del Norte de Virginia *(NVAR)*, en el caso de un préstamo convencional, incluye las siguientes opciones:

- El dueño actual tiene la oportunidad de bajar el precio de venta para que el comprador pueda obtener el préstamo necesario para completar la transacción.
- Otra opción de la cláusula es que el comprador aumente la cantidad del enganche, para cubrir la diferencia.

- La tercera opción es la de cancelar el contrato de compra-venta sin penalizar al comprador.

¿De qué otra manera puedes obtener financiamiento?

La mayoría de la gente obtiene sus préstamos hipotecarios a través de una institución financiera. Cuando un préstamo es rechazado, lo que algunas personas hacen es esperar un poco para ahorrar un poco más, mejorar su situación económica y su historial de crédito y, después de un tiempo, volver a presentar su solicitud de préstamo.

En algunos casos es posible obtener préstamos hipotecarios de otras fuentes que no sean las instituciones financieras tradicionales, como por ejemplo:

Si el dueño de la propiedad te transfiere su préstamo hipotecario actual *(assumption)*

Algunos préstamos (como los de la Administración de Veteranos–*VA* expedidos antes del 1º de Marzo de 1988 y de la Administración Federal de Vivienda–*FHA* expedidos antes del 1º de Diciembre de 1986) permiten que el dueño actual de la vivienda, al venderla, le transfiera el préstamo al nuevo comprador por medio de un proceso de transferencia "simple" *(Simple Assumption Process).*

Podrías obtener un préstamo por medio de una transferencia

Si el dueño de la casa que quieres comprar tiene uno de estos préstamos con opción a transferencia simple, es posible que puedas heredar su préstamo hipotecario sin tener que pasar por el proceso completo de aprobación.

Toma en cuenta que, a partir de dichas fechas de expedición, los préstamos *VA* y *FHA* requieren de procesos de aprobación más restringidos y del pago de cargos por financiamiento. Además, existen otras consideraciones importantes antes de seleccionar esta opción. Por ejemplo, si el precio de la casa que quieres comprar es más alto que la cantidad del préstamo disponible, tendrás que conseguir el dinero en efectivo para cubrir la diferencia.

Generalmente, cuando el préstamo es transferible, el dueño de la propiedad se asegurará de hacer pública esta opción. Comunícate con el prestamista original para que te informe sobre todos los detalles respecto a los requisitos y los cargos necesarios para llevar a cabo la transacción del paquete de transferencia *(assumption package).*

Si el dueño de la propiedad es quien te otorga el préstamo

El dueño podría prestarte el dinero para comprar la casa

Otra opción para obtener financiamiento pudiera ser la de negociar con el dueño de la propiedad para ver si él está de acuerdo en proporcionarte el préstamo directamente. Si aceptara esta opción (aunque es posible que la tasa de interés que te ofrezca sea mucho más alta que la tasa de interés promedio), tal vez puedas negociar con él un período pequeño del préstamo–de uno, dos o hasta cinco años. Podrías utilizar este tiempo para mejorar tu situación, tanto económica como crediticia. Al finalizar el período de este préstamo, tendrás mayores oportunidades de obtener un mejor préstamo con una institución financiera.

Antes de seguir por este camino, revisa tus finanzas y decide si realmente te conviene esta opción. Tal vez te convenga más seguir alquilando tu casa hasta que puedas mejorar tu situación económica (lo suficiente como para obtener un préstamo tradicional). Por otro lado, si el mercado de bienes raíces en tu área está subiendo a pasos agigantados, lo más recomendable es comprar lo más pronto posible.

Podrías rentar, con opción a compra

Otra de las alternativas que puedes explorar es la de rentar la vivienda, con la posibilidad de comprarla a futuro. Si el dueño está dispuesto a darte esta opción, la idea es que pagues renta por vivir en la casa y que además, pagues un poco más por tener la oportunidad de comprarla al final de cierto período previamente acordado.

Cada uno de los acuerdos de renta con opción a compra se toma como especial para cada situación en particular. En ocasiones, el pago que cubre la opción implica reservar la casa. Es decir, mediante este pago, se le otorga al posible comprador la oportunidad de comprar la casa al final de cierto período previamente acordado. Si el comprador decide no ejercer su opción de compra, simplemente no compra la casa, pero tampoco recuperará su dinero.

En otros casos, parte del pago de la opción se convierte en parte de un pago inicial. Cuando la cantidad ahorrada sea suficiente (de acuerdo con el contrato de renta con opción a compra), el comprador podrá comprar la casa utilizando ese dinero como enganche. Si en algún momento el comprador decidiera no comprar la casa, es posible que recupere parte del enganche.

Los contratos de renta con opción a compra son algo complicados. Pero, si decides explorar esta opción, contrata a un buen abogado de bienes raíces para que te prepare un contrato con las mejores opciones para tu situación particular.

Tercera Parte:
¿Cómo encontrar y
comprar tu nueva casa?

Capítulo 10
¿Cómo encontrar tu nueva casa?

Identifica las características principales de tu nueva casa

Antes de empezar a buscar tu nueva casa, deberás determinar cuáles son las características que deseas en ella. Por ejemplo, tres de las características más importantes son:

- El precio de la propiedad
- La ubicación

- El tipo de vivienda

Prepara tu lista de características importantes

El precio de la propiedad

¿Cuánto deseas o puedes gastar? Es decir, ¿cuál es tu presupuesto? ¿Con cuánto dinero cuentas o qué medios utilizarás para comprar tu nueva casa? Para que tengas una idea más clara respecto a tu realidad financiera y los tipos de financiamiento que hay en el mercado, consulta el Capítulo 2 de este mismo libro: "¿Cómo estar económicamente preparado?".

La ubicación

¿Buscas una zona cercana a algún centro comercial *(mall)*? ¿Quieres que tu casa esté cerca de dónde trabajas? ¿Prefieres espacios abiertos?

La ubicación es uno de los elementos que más debes tomar en cuenta en tu decisión, porque es prácticamente imposible cambiar la casa del lugar donde fue construida.

Saber escoger un lugar para vivir es la clave para poder empezar a buscar tu siguiente casa, y solamente tú sabrás exactamente lo que más te conviene y acomoda.

¿Dónde te gustaría vivir?

Algunas preguntas que te pudieras hacer y que te ayudarán a identificar una buena ubicación serían:

- ¿Qué tan cerca está la propiedad de las vías de acceso, del transporte público (metro, autobús, etc.), de los locales o centros comerciales, del aeropuerto, de la playa, de algún parque, etc.?
- ¿Deseo llegar rápidamente al trabajo? ¿Me conviene estar cerca de las vías de acceso o del transporte público?
- ¿Qué tan cerca quiero estar de la vía rápida? ¿Tan cerca que el sonido constante del tráfico no me deje dormir tranquilamente? (¡Tal vez el mismo tráfico te ayude a dormir de maravilla!)
- ¿Quiero estar en un lugar silencioso pero lo suficientemente cerca como para poder llegar a la vía rápida en menos de 30 minutos en automóvil o en autobús?

Las respuestas a estas preguntas varían tanto como los gustos y necesidades de cada persona. Lo importante es que te hagas las preguntas con anticipación y decidas cuáles son las respuestas que te satisfacen. Aunque la casa tuviera todo lo que quisieras y necesitaras, si la ubicación no es la adecuada, esa casa no será tu mejor opción.

El tipo de vivienda

Dependiendo de tus necesidades, querrás seleccionar diferentes tipos de vivienda. Algunos ofrecen más espacio y algo de jardín, mientras que otros ofrecen menos mantenimiento, más cercanía a la ciudad, etc.

Casa sola *(single family detached)*

Una casa sola te ofrece más privacidad. El terreno es todo tuyo y es posible que te ofrezca más espacio interior, así como jardín o espacio exterior. Por otro lado, las casas solas requieren que tú, directamente, te encargues del mantenimiento; esto incluye desde cortar el césped hasta pintar los recubrimientos exteriores, reparar la plomería y los sistemas de aire acondicionado y calefacción, entre otros.

Casa en un conjunto *(townhouse / rowhouse)*

Este tipo de casas se considera también como casa sola (para una sola familia). Generalmente cada casa del conjunto cuenta con entrada independiente, aunque comparte una, dos o hasta tres de sus paredes con los vecinos.

Una casa en un conjunto ofrece menos terreno que una casa sola y, en general, también menos espacio interior. Se caracteriza por tener varios niveles, con escaleras internas de acceso.

Las casas en conjunto requieren menos mantenimiento de tu parte, que una casa sola

Las casas en un conjunto normalmente requieren menos mantenimiento que una casa sola, porque hay menos paredes exteriores y menos terreno que mantener, aunque todos los sistemas interiores, como la plomería, la calefacción y el aire acondicionado requerirán de un nivel de mantenimiento equivalente (al menos en periodicidad) al de una casa sola.

Departamento en condominio (*condominium unit*)

Este tipo de departamento se caracteriza por tener áreas comunes, compartidas entre todos los dueños. Cada dueño es responsable por el interior de su departamento y todos los dueños en común son responsables por los pasillos interiores, escaleras, elevadores, sistemas del edificio (plomería, electricidad, aire acondicionado, etc.); también son co-responsables por el exterior del edificio, el terreno y los elementos recreativos (salón de juegos, piscina o alberca, canchas de tenis, etc.).

Cada dueño paga una cuota a la administración de la asociación del condominio (*condo fee*), quien se encargará de que se lleve a cabo el mantenimiento de las áreas comunes y la administración en general. Por otro lado, los departamentos en condominio ofrecen menos privacidad y espacio que una casa sola o que una casa en un conjunto.

¿Prefieres casa recién construida o ya establecida?

Las casas recién construidas tienen la ventaja de que podrás seleccionar los acabados, así como otras opciones que la constructora ofrezca. Al comprar una casa recién construida tendrás que invertir en diversos aspectos de la casa, como por ejemplo en plantar el jardín, construir la terraza (*deck*) o patio, además de instalar cortinas y/o persianas en cada ventana de la vivienda.

Por otro lado, las casas ya establecidas generalmente tienen los jardines terminados, terrazas o patios listos para ser disfrutados, y es muy probable que algún dueño anterior ya haya invertido en las persianas y/o cortinas.

Hay que seguir las reglas de la asociación por el bien de todos

Asociación de Propietarios *(Home Owner's Association - HOA)*

En el caso de los condominios y en varios otros tipos de vivienda, existe lo que se conoce como asociación de propietarios que se encarga de velar por los intereses comunes de los miembros de la asociación. Todos los dueños de las viviendas que pertenecen a la asociación deben pagar una cuota para cubrir el mantenimiento de las áreas y/o los servicios comunes.

La asociación de propietarios se rige por reglamentos que buscan el beneficio de todos los propietarios. Es por esto que no siempre se podrá decorar el exterior de la vivienda al gusto de cada dueño. Por ejemplo, podría haber restricciones también respecto a estacionar o no vehículos comerciales o recreativos (*RV*) en ciertas áreas e incluso a la instalación de antenas de televisión o tendederos de ropa.

Muchas casas solas no pertenecen a ninguna asociación de propietarios; de esta manera, el dueño puede hacer con su vivienda lo que le plazca sin que nadie le imponga restricciones (siempre y cuando sea conforme a la Ley).

Características específicas de la vivienda

Una vez que hayas decidido en dónde quieres vivir y qué tipo de vivienda es la que mejor se ajusta a tus necesidades, considera las características específicas de la vivienda. Por ejemplo:

¿Cuánto espacio necesitas?

- ¿Cuánto terreno deseo que tenga la casa en total (área)? ¿Existen jardines o áreas para que los niños jueguen o para que saque a caminar a mi mascota? ¿El terreno tiene barda? ¿Cuál es la inclinación del terreno? ¿Existe algún peligro, como la cercanía de alguna barranca o de algún pozo?

- ¿De qué tamaño necesito cada habitación: recámaras/dormitorios, baños, cocina, etc.? (en pies o en metros cuadrados)

- Una opción sería medir, por ejemplo, la recámara donde duermes actualmente para que te des una idea del tamaño que deseas: más grande, igual o más pequeña.

- ¿Cuántas recámaras necesito? En algunas partes de USA existen reglas que especifican el número de personas que pueden habitar una vivienda, dependiendo del número de recámaras disponibles.

- ¿Cuántos baños completos tengo en mente?

- ¿Con cochera (*garage*) para cuántos autos? En el norte de USA, mucha gente considera como una necesidad que la cochera tenga calefacción. Otra característica importante sería si cuenta con espacio adicional para estacionar autos, ya sea dentro del mismo terreno de la casa, en un estacionamiento común o en alguna calle cercana.

- ¿Cuánto espacio tiene para almacenamiento? Si tienes muchas cosas para almacenar (como es lo normal), querrás buscar una casa con clósets amplios. En algunas partes de USA, podrás comprar una casa con sótano o con ático. Algunos edificios en condominio tienen áreas especiales para almacenamiento.

- ¿Qué distrito escolar es conveniente? Ciertos distritos escolares tienen mejor reputación que otros. Si consideras que este es un punto importante, investiga con anticipación los puntajes de cada escuela con la dirección escolar de la localidad.

- ¿Con qué otros servicios cuenta? ¿Tiene comodidades y lujos? Si te gusta disfrutar de comodidades y lujos como alberca/piscina, cancha de tenis, salón de juegos (entre otros), busca edificios en condominio o colonias cuya asociación de propietarios ofrezca estos servicios.

- ¿Qué vista me gustaría tener desde las ventanas de mi futura casa?

Dónde buscar tu nueva casa

Si decides complementar el trabajo de tu agente de bienes raíces o si tu mismo quieres buscar casa sin que algún agente te represente, puedes empezar a buscar en:

Periódicos

Busca en los anuncios clasificados de casas en venta. La mayoría de estos anuncios son contratados por particulares que desean vender su casa y que no utilizan los servicios de un corredor de bienes raíces.

El periódico puede ser una buena fuente para encontrar tu casa

En estos anuncios generalmente aparecen las siglas *FSBO (For Sale by Owner)*. Algunos de estos dueños, aunque hayan decidido no emplear a un agente de ventas, probablemente estén dispuestos a pagar la comisión del corredor que te esté representando (tu agente de compras). Si encuentras un anuncio clasificado que te parezca interesante, pídele a tu agente de compras que llame directamente al dueño para negociar el pago de la comisión de tu agente por adelantado.

Casa en muestra *(open house)*

Revisa el periódico o dirígete directamente a la colonia o al área en donde te interese comprar. Seguramente encontrarás rótulos invitando a posibles compradores a la muestra de alguna casa en venta *(open house)*.

Si has solicitado los servicios de un agente de compras, asegúrate de informarle lo más pronto posible al agente de ventas de este importante detalle para que no haya algún malentendido en el futuro con respecto al pago de la comisión de tu agente. Recuerda que si firmaste un acuerdo de exclusividad con tu agente y no informaras al agente de ventas de este acuerdo lo antes posible, tendrías, tal vez, que pagar la comisión de tu propio bolsillo.

Revistas

Existen varias revistas dedicadas exclusivamente a anunciar casas en venta. Algunas de estas revistas anuncian viviendas establecidas, así como casas y condominios nuevos. También existen revistas que anuncian propiedades que son ofrecidas a la venta directamente por dueños *FSBO* (sin intermediarios). Busca estas revistas cerca de las estaciones del metro, de las paradas de autobús o en los supermercados.

Fíjate en los periódicos murales del área en donde quieres comprar

Periódicos murales

La mayoría de los supermercados y tiendas de autoservicio tienen periódicos murales en donde el público en general anuncia, entre otras cosas, casas o departamentos a la venta. Algunos lugares de trabajo también tienen este servicio para que sus empleados anuncien o informen sobre varios temas, incluyendo la venta de viviendas. Pregunta en donde trabajas si tienen este tipo de servicio.

Internet

Existe una cantidad increíble de sitios en Internet donde puedes encontrar casas a la venta. Algunos de los sitios más grandes como: www.Remax.com o www.Realtor.com anuncian casas que se encuentran a la venta en todo el País.

La mayoría de los sitios ofrece información y fotografías de propiedades que han sido anunciadas en los listados múltiples *(MLS)*. En localidades con mucha actividad de compra-venta, las casas se venden en cuestión de días y a veces hasta en un par de horas. Sin embargo, muchos de los sitios de Internet que ofrecen estos servicios no se actualizan en tiempo real y muestran propiedades que ya han sido vendidas. Tu agente de compras tiene acceso directo al listado múltiple que si se actualiza a tiempo real.

Oficinas de venta de casas nuevas en construcción

Si decides visitar sin tu agente de compras las oficinas de venta de casas en construcción, ten en cuenta que el personal de ventas (generalmente muy profesional y amable) trabaja para la constructora (el dueño) y no representará tus intereses. Si decides aprovechar los servicios de un agente de compras, espera y visita estas oficinas de ventas con tu agente; de otro modo, la constructora seguramente no pagará la comisión de tu agente de compras.

Muchos compradores creen que al ir a la oficina de ventas sin un agente de compras, la constructora reducirá el precio de venta de la casa por haberse ahorrado el pago de la comisión de tu agente. Desafortunadamente, las constructoras no te harán ninguna concesión con respecto al precio y además tú serás el único responsable de representar tus propios intereses.

Letreros y Rótulos

Si estás interesado en un área en particular, visítala y anota las diferentes direcciones y teléfonos que aparecen en los rótulos de las casas que están en venta.

Recuerda que si el rótulo pertenece a alguna agencia de corretaje, el agente que esté vendiendo la casa representa al dueño de la propiedad y, aunque sea muy amable y honesto contigo, hará todo lo posible por obtener el precio más alto y las mejores condiciones de venta para su cliente.

En caso de que el rótulo pertenezca a un particular (*For Sale By Owner–FSBO*) y tu ya tuvieras tu agente de compras, lo mejor es dejar que tu agente llame al particular para negociar el pago de su comisión por adelantado (para que no tengas que pagar, de tu bolsillo, la comisión de tu agente).

Si tienes un agente de compras, dale la información para que haga las llamadas por ti.

Cómo seleccionar tu nueva casa

Visitando casas

Deja que tu agente te lleve a ver casas

Si estás buscando casa por tu cuenta, tendrás que hacer citas con cada dueño o cada agente de ventas para visitar la casa que te interese ver. Obviamente, el agente de ventas o el dueño de la propiedad deberá estar presente durante tu visita para que puedas entrar a la casa. Podría resultar bastante complicado para ti visitar más de una o dos casas al día, puesto que tendrías que coordinar con cada persona para que cada una de ellas te mostrara su casa.

Contando con un agente de compras, él (o ella) concertará las citas necesarias para que visites las casas. Los agentes de compras utilizan una llave electrónica u otro sistema semejante para entrar a diferentes casas. Ésta es otra manera mucho más fácil de visitar varias casas en un mismo día, la coordinación se simplifica, y sólo tendrás que ponerte de acuerdo con tu agente de compras (en contadas ocasiones, con el dueño de alguna casa).

Con la ayuda de tu agente, o haciendo tú mismo la investigación, prepara una lista de las casas que te interesaría visitar y selecciona las que consideres que son las mejores (entre 3 y 5).

Asegúrate que las casas que selecciones tengan la mayoría de las características que estés buscando. Recuerda también que es importante que estén dentro de tu presupuesto.

Toma nota de todos los detalles

Anota cualquier detalle que te llame la atención durante tus visitas a las casas.

Si por fuera no te agrada la casa, ¡no pierdas el tiempo visitando el interior! Dirígete a la siguiente casa de la lista.

Ya dentro de la casa, revisa todos los puntos de tu lista de elementos necesarios y deseados. En hojas separadas haz las anotaciones de cada uno de tus requisitos, casa por casa.

Es posible que los gustos del dueño de la casa no sean compatibles con los tuyos (situación muy normal). No te dejes influenciar por como el dueño actual haya decorado su casa. Los colores de las paredes y puertas, los muebles, los cuadros y otros adornos se irán con el dueño, o será relativamente fácil cambiarlos. (Es igual de peligroso dejarse influenciar por la decoración, tanto si ésta es de tu agrado como si no lo es.) Tampoco pongas mucha atención en la limpieza del lugar. Limpiar y pintar las paredes es relativamente fácil y barato.

Especial atención habrá que poner a los detalles importantes que son imposibles o muy costosos de cambiar. No olvides tomar nota por ejemplo, de lo siguiente:

Ubicación y espacios

¿Cabrán todas tus cosas en la cochera?

- ¿Es buena la ubicación de la casa?
- ¿Las recámaras son del tamaño que a mi me acomoda?
- ¿La cocina tiene el espacio suficiente para lo que necesito?
- ¿Cuáles son las dimensiones del jardín, de la cochera (*garage*), del ático, del sótano, etc.?

Condición

- ¿En qué condiciones están y cuánto tiempo tienen los electrodomésticos? (Esto, en el caso de que estén considerados como parte de lo que se vende con la casa, como es común en algunos Estados –refrigerador, estufa, lavaplatos, lavadora y secadora de ropa y, en algunos casos, también lámparas, candiles, cortinas, persianas, etc.)
- ¿En qué condiciones se encuentran los pisos, las alfombras y los muebles de baño?
- ¿Cuánto tiempo tienen los sistemas de calefacción y del aire acondicionado?
- ¿Cuánto tiempo y en qué condiciones se encuentran las bombas y sistemas para la alberca o piscina (en caso de que la vivienda cuente con ello)?

Cuando termines tu visita a cada casa, termina tus anotaciones y compáralas con las de la casa anterior. Guarda sólo las anotaciones de la mejor. Desecha las demás anotaciones. Esta manera de seleccionar después de cada visita te ayudará a decidir, al final del día, cual de todas las casas es la mejor para ti. (Con esto también evitarás confundir una casa con otra.)

Se razonable – ajusta tus expectativas

Es muy difícil encontrar la casa perfecta

Seguramente, de entre las 3 ó 5 casas que escogiste para visitar, varias cubrieron tus expectativas y alguna otra característica adicional de tu lista de elementos deseados.

De alguna manera tienes que escoger...

Mediante el método de selección casa por casa, estarás ahora en condiciones de tomar una decisión y de hacer una oferta de compra. Mientras más tiempo pases buscando la casa perfecta, más difícil te será encontrarla, puesto que querrás que tu casa perfecta tenga la cocina de la casa 1, más la sala de la casa 2, con el jardín de la casa 3, en la colonia de la casa 4... esa casa no existe.

No esperes lo imposible

Si estás esperando a que los precios de las casas bajen o que algún otro evento en el futuro se materialice (lo cual es prácticamente imposible), lo más probable es que pierdas la oportunidad de comprar la mejor casa. Si la mejor casa de las que visitaste cumplió con muchas de tus expectativas, posiblemente también cumplirá las de alguien más. Toma el control de la situación y presenta tu oferta de compra lo más pronto posible.

¡No pierdas el momento y la oportunidad de comprar la mejor casa!

Si ya encontraste la casa que quieres, ¡haz una oferta!

Capítulo 11
¿Cómo hacer una oferta de compra que proteja tus intereses?

¿Ya seleccionaste la casa que quieres comprar? Si es así, entonces ¡ahora es cuando hay que hacer una oferta de compra! Para poder hacer una buena oferta, hay que seguir los siguientes pasos:

¿Cuánto vale la casa?

El valor de la casa dependerá de varios factores; por ejemplo:

- ¿Cuánta gente está interesada en comprar la casa?
- ¿Cuál ha sido el precio de venta de casas en el área, con las características de la casa que tu estás considerando comprar?

La situación del mercado

La oferta de casas a la venta es alta

Mercado a favor de compradores
Esto quiere decir que los precios son un poco más bajos porque hay pocos compradores y muchas casas a la venta (oferta alta y demanda baja).

La oferta de casas a la venta es baja

Mercado a favor de dueños actuales
En este caso los precios son altos, puesto que hay pocas casas disponibles a la venta (oferta baja) y muchos compradores (demanda alta)

Los términos de la compra de tu casa cambiarán, dependiendo de la situación del mercado. Si el mercado favorece a los compradores, tendrás más oportunidad de seleccionar la mejor casa al mejor precio. Si, por el contrario, el mercado favorece a los dueños actuales, es posible que tengas que pagar más y competir con otros compradores por la casa que quieres comprar.

El análisis comparativo del mercado *(Comparative Marketing Analysis-CMA)*

Compara los precios de venta de casas parecidas a la que quieres comprar

Para darte una idea del valor de la casa que quieres comprar, tu agente de compras hará un análisis comparativo utilizando la información de ventas de otras viviendas parecidas a la que a ti te gusta. Mediante este análisis podrás darte una idea de cuánto han pagado otras personas por una propiedad, equivalente a la que quieres comprar (en la misma área o edificio, con el mismo número de recámaras y baños, la misma cantidad de terreno, etc.).

Tu agente de compras te presentará su análisis y te hará una recomendación en cuanto al rango de precio que más te conviene para que hagas tu oferta.

Haz la oferta de compra por escrito

Si sabes bien lo que estás buscando y si haces bien tu investigación, encontrarás inmediatamente la casa adecuada. El siguiente paso será presentar una oferta que sea lo bastante fuerte como para eliminar a otros posibles compradores y, al mismo tiempo, obtener las mejores concesiones que te favorezcan como comprador.

Una vez que envíes tu oferta, el dueño tendrá las siguientes opciones:

Tu oferta de compra fue aceptada

El dueño acepta la oferta que enviaste

Si el dueño está de acuerdo con los términos, firmará la oferta y te la enviará de regreso, aceptándola o ratificándola. La oferta se convierte en un contrato de compra-venta e implica una obligación para ambas partes.

El dueño te presenta una contra-oferta

El dueño de la propiedad puede hacer cualquier cambio, aumentar o eliminar puntos a los términos originales y después, enviar el documento de regreso. Ésta se considerará como una oferta completamente nueva, la cual puedes aceptar (ratificar), rechazar o puedes también hacer una contra-oferta. Este proceso de contra-ofertas puede repetirse varias veces antes de que se llegue a un acuerdo entre comprador y dueño de la propiedad, o hasta que alguna de las dos partes rescinda su última oferta.

El dueño de la propiedad rechaza la oferta (o contra-oferta) que le hiciste

En este caso, tendrás que regresar a los términos anteriores especificados por el dueño, o pensar en comprar otra casa.

Lo mejor es presentar el menor número posible de contra-ofertas. Con cada repetición se incrementa el riesgo de perder el contrato por completo.

Algunos de los elementos más importantes en una oferta

Precio de venta

Esta es la cantidad que estarás dispuesto a pagar por la casa.

Depósito en garantía o seña de buena fe

Tú, como comprador, proporcionarás un cheque que servirá como prueba de que tu oferta es seria. Este cheque se depositará en un fideicomiso para después utilizarlo en tus costos de cierre y/o en el enganche. En ciertos casos, si el contrato llegara a cancelarse, parte o todo el depósito en garantía podrá pasar al dueño de la propiedad para cubrir sus daños y perjuicios. Mientras mayor sea la cantidad del cheque para el depósito en garantía, tu imagen ante el dueño de la propiedad será la de una persona dispuesta a hacer un trato serio. Toma en cuenta que si cancelas el contrato puedes perder tu depósito por completo, en caso de que no te apegues a alguna de las condiciones permitidas para la cancelación del contrato de compraventa.

Mientras mayor sea el enganche, tendrás mejores opciones de préstamo

Enganche

Igualmente, mientras mayor sea el enganche que estés dispuesto a dar, menor será el riesgo de la hipoteca, desde el punto de vista del prestamista. Esto asegurará una transacción más segura para el dueño de la propiedad, puesto que hay una mayor probabilidad de que obtengas el préstamo solicitado.

Carta de aprobación del financiamiento

En la mayoría de los mercados se acostumbra presentar, junto con la oferta, la carta de aprobación del financiamiento de un prestamista directo acreditado, como prueba de que se es un comprador completamente calificado. Una carta de aprobación es mejor que una preaprobación o que una precalificación, puesto que entonces el comprador podrá estar realmente seguro de obtener el préstamo, gracias a que el prestamista habrá revisado y aprobado su situación financiera.

Día, hora y lugar del cierre

Cuando hay cierres simultáneos (es decir, donde el comprador y el dueño de la propiedad asisten al cierre el mismo día, a la misma hora y en el mismo lugar), generalmente el comprador es quien tiene la opción de escoger el día, la hora y el lugar del cierre. En el caso de cierre mediante un fideicomiso *(escrow closing)*, cada una de las partes implicadas selecciona el día que más le convenga para realizar el cierre.

Condiciones

Mientras menos condiciones presente el comprador en la oferta, mejor será para el dueño de la propiedad, y mientras menos condiciones presente el dueño de la propiedad en una oferta, mejor será para el comprador. Cada condición permite al comprador (o al dueño de la propiedad) cancelar el contrato, generalmente sin costo o penalización.

Condiciones de compra

A continuación se mencionan algunas condiciones que puedes poner en tu oferta de compra para asegurarte de que la casa que quieres comprar esté en buen estado y para ayudarte a saber qué es lo que estás comprando.

Inspecciones de la vivienda

Las inspecciones son para proteger tu inversión

En algunos Estados es común llevar a cabo, antes de que se firme el contrato, varias inspecciones de la casa que se desea comprar. Ciertos Estados obligan al dueño a hacer una inspección preliminar y a presentar un documento en el que se mencionen posibles problemas con la casa *(disclosure)*. Las leyes de otros Estados permiten al dueño de la propiedad a vender su casa como está *(as is)*, presentando al comprador un descargo de responsabilidad *(disclaimer)*. En los Estados donde se permite el descargo de responsabilidad, es recomendable incluir dentro de las condiciones necesarias para la compra de la propiedad, el que se lleven a cabo varias inspecciones de la vivienda. Estas inspecciones las podrás hacer contratando los servicios de un inspector profesional.

Inspección general de la vivienda

Se deberá inspeccionar el exterior de la casa, el techo, la estructura de la casa, toda la plomería, el sistema eléctrico y los sistemas de calefacción y aire acondicionado. Incluye también aparatos electrodomésticos y otros detalles, como son las puertas, el enlechado, impermeabilizado, resane o sellado *(grouting, caulking)*, etc.

Inspección del gas radón

Este es un gas que, en USA, comúnmente se encuentra en el subsuelo de ciertos Estados. Existen sótanos y primeros pisos que contienen este gas cuyas cantidades rebasan los límites recomendados por la Agencia de Protección Ambiental *(Environmental Protection Agency–EPA)*. Algunos compradores deciden medir los niveles del gas radón en su nueva casa para evitarse posibles problemas en el futuro. Si existen niveles altos de radón, dependiendo de lo que esté acordado en tu contrato de compra-venta, se le podrá pedir al dueño de la propiedad que solucione este problema.

Inspección de pintura con base de plomo

Por Ley Federal, si la casa que piensas comprar fue construida antes de 1978, se te pedirá que recibas un descargo de responsabilidad y un folleto que te ayudarán a entender los riesgos de tener pintura con base de plomo, en la casa. Tienes derecho a que una de las condiciones estipule que se haga la inspección para determinar si existe este tipo de pintura.

Es posible que haya pintura con base de plomo en casas construidas antes de 1978

Otras posibles condiciones de compra

Documentos de la asociación de propietarios de casa (o de condominio) *(Property Owners Association – POA)*

El dueño de la propiedad deberá proporcionarte un paquete con los últimos documentos de la asociación de propietarios (si es que ésta existe). El paquete incluye la situación financiera de la asociación, reglamentos, lineamientos respecto a la arquitectura, etc. Si en el paquete aparece el término "violations" (infracciones), el dueño de la propiedad deberá arreglar estos asuntos antes de proceder al cierre. Dentro de las infracciones pudiera darse que el acabado exterior *(siding)* estuviera sucio, que el color de las puertas y ventanas no fuera el correcto, que la madera exterior estuviera podrida, que alguna estructura no hubiera sido aprobada anteriormente por la mesa directiva, etc.

Si necesitas vender tu casa antes de comprar una nueva, podrías crear una cadena de condiciones

Venta de la casa del comprador

Si debes vender tu casa antes de comprar la siguiente, lo mejor y más recomendable es venderla antes de presentar alguna oferta de compra. Muy pocos dueños aceptarán que hagas una oferta bajo la condición de vender primero tu casa. Es un riesgo muy alto para el dueño, ya que tendrá poco control de la situación al no tener la seguridad de que la transacción de compra-venta de la casa que deseas adquirir se lleve a cabo satisfactoriamente.

Compra de la siguiente casa del dueño de la propiedad que deseas adquirir

Parecida a la condición de "Venta de la casa del comprador", el dueño de la casa que quieres comprar puede incluir, dentro de las condiciones, que primero necesita comprar otra casa para tener la seguridad de no quedarse con las manos vacías, en caso de que la compra de la casa que él quisiera adquirir no se llevara a cabo.

Una condición así se convierte en un riesgo mucho mayor para ti, como comprador.

Algunas condiciones del préstamo

La mayoría de los compradores piensa pagar su casa a través de un préstamo. Por este motive, generalmente la compra de la casa está condicionada a que el comprador obtenga el financiamiento.

Sin embargo, existen también otras condiciones relacionadas con la compra de la casa, que también se deben cubrir, antes de que el préstamo sea concedido.

El avalúo

Esta es una de las condiciones para obtener un préstamo. Lo que el prestamista hace es contratar a un valuador para calcular el valor de la casa. Con esto se comprueba que la casa vale lo necesario como para mitigar el riesgo de prestar el dinero al comprador.

La inspección de plagas (o inspección de termitas)

Este es otro requisito para obtener el préstamo. Para esto se contratará a un inspector de plagas (el costo, generalmente es de aproximadamente US$50). Si se encontrara algún problema, se le pedirá al dueño de la propiedad que solucione la situación, a satisfacción de tu prestamista.

Hay que asegurarse que no haya insectos "come-madera" en la casa que quieres comprar

Algunos elementos opcionales en el contrato de venta

Ocupación después del cierre del contrato

Esta cláusula permitirá al dueño de la propiedad permanecer en la casa por una temporada (generalmente no más de 60 días), después de que se haya firmado el contrato. Podrías necesitar que el dueño anterior de la casa hiciera un depósito de garantía *(security deposit)*–que quedará en manos de la compañía que cierra el contrato– y un pago mensual (o diario), equivalente a tu pago de hipoteca, para que pueda habitar la casa por un poco más de tiempo.

Normalmente hay que revisar la casa una vez más después de que el dueño de la propiedad la haya desocupado; esto es para asegurarse que todo esté igual a como se estableció al momento del cierre. Si todo está bien, se le regresará su depósito de garantía al dueño anterior .

La póliza de garantía cubre los electrodomésticos y otros sistemas

Póliza de garantía de la casa

Si el dueño de la propiedad no ofrece alguna póliza de garantía al momento del contrato, puedes comprar una póliza que cubra los electrodomésticos y los sistemas de calefacción y de aire acondicionado, así como de algunos otros elementos de la nueva casa.

Tu agente de compras puede proporcionarte varios folletos de pólizas de garantía para que escojas el que mejor se acomode a tus necesidades.

Capítulo 12
¿Cómo cumplir con los términos del contrato?

La responsabilidad de cumplir con tu parte del contrato legal de compra-venta empezará cuando hayas negociado la oferta de compra y el dueño de la propiedad y tú hayan firmado un acuerdo.

¿Cuáles son los elementos más importantes del contrato?

Las personas involucradas deben estar claramente identificadas en el contrato

Todos los contratos de bienes raíces deben tener cuando menos los siguientes elementos esenciales:

- Nombres completos del dueño de la propiedad y del comprador
- Descripción oficial de la propiedad
- Precio y forma de pago

Nombres legales del dueño de la propiedad y del comprador

Para que el contrato de compra-venta de bienes raíces sea válido, tanto la persona que vende como la que compra deberá quedar bien identificada. Asegúrate que el nombre del dueño que aparece en el contrato de compra-venta de la propiedad que estás por comprar sea el mismo que el nombre que aparece en el Registro Público de la Propiedad.

Dirección y descripción legal de la propiedad

La descripción legal de la propiedad, en algunos casos, sobre todo de propiedades rurales, es simplemente la dirección completa. Sin embargo, en la mayoría de los casos, la descripción legal incluye el número de mapa, el nombre de la subdivisión a la que la propiedad pertenece, el número de lote, el número de la unidad (si se trata de un condominio), además del número de libro y hoja del Registro Público en la que se encuentra dicha descripción legal.

La descripción de la propiedad en el contrato debe coincidir con la descripción en el Registro Público de la Propiedad.

Precio y forma de pago

Para que tu contrato de compra-venta sea válido, el precio acordado a pagar por la propiedad debe estar claramente estipulado en el contrato, tanto por la parte que compra como por la parte que vende.

Además de estar de acuerdo en el precio, la forma de pago también deberá estar claramente especificada junto con el proceso que el comprador deberá seguir para cumplir con el pago. Por ejemplo, si el comprador va a hacer el pago de contado, el contrato podría especificar que es necesario que el comprador compruebe que cuenta con el dinero para la operación.

La forma de pago también se estipula en el contrato

También se podría establecer que el comprador deberá comprobar que ya ha sido aprobado (o preaprobado) para dicho préstamo.

Finalmente, el día del cierre seguramente tendrás que hacer algún pago, ya sea para cubrir el enganche y/o los gastos de cierre. Tu contrato deberá especificar la manera de hacer ese pago: en efectivo, por medio de un cheque certificado o a través de una transferencia electrónica.

Contrata al agente de cierre

Tu agente de compras puede ayudarte a seleccionar un buen agente de cierre

Una de tus responsabilidades será la contratación de un agente de cierre *(settlement agent / escrow agent)* que se encargue de la búsqueda de las escrituras, de solicitar el esquema del sitio *(survey)* y en general, de procesar tu contrato para poder cerrar la transacción en la fecha previamente acordada.

En ciertos Estados se requiere que las partes acudan a un mismo lugar y, generalmente, al mismo tiempo para revisar y firmar todos los documentos requeridos.

En otros Estados, la transacción se maneja por medio de fideicomisos *(escrow)* y no es necesario acudir a un mismo lugar al mismo tiempo.

En el siguiente capítulo se explican con más detalle las actividades del agente de cierre.

Condiciones en el contrato

Un contrato puede tener una cantidad ilimitada de condiciones. Cada condición sirve para darle la opción de cancelar el contrato a alguna de las partes. Por ejemplo, para proteger a un comprador que obtiene un financiamiento, el contrato podría establecer límites máximos a las tasas de interés o límites mínimos al valor de la propiedad (de acuerdo con los resultados del avalúo).

Así mismo, para proteger al dueño, el contrato podrá requerir que el comprador realice la solicitud formal para el préstamo dentro de un cierto plazo pre-establecido, además de fechas límite para entregar los documentos y comprobantes que el prestamista requiera.

Las condiciones pueden estar relacionadas con ciertas inspecciones de la propiedad, la obtención del préstamo o simplemente con la aprobación de la compra-venta por parte de una tercera persona, entre otras.

Inspecciones

Las inspecciones de la propiedad que hayas incluido como condiciones del contrato (inspección general, de gas radón, de termitas, polilla, etc., de pintura con base de plomo, etc.) deben llevarse a cabo de la manera descrita en el mismo y cumpliendo con las fechas pre-determinadas.

Las inspecciones deben hacerse a tiempo y de la manera descrita en el contrato

El contrato podría decir: "La inspección de la propiedad deberá llevarla a cabo un inspector calificado, dentro de los siguientes 7 días hábiles posteriores a la firma del contrato. El comprador pagará los servicios del inspector y proporcionará al dueño de la propiedad el reporte de la inspección junto con un documento en el que se especifique que el contrato sigue vigente o que ha decidido cancelarlo."

A menudo, como resultado de las inspecciones, surge una lista de reparaciones que, si así se establece, el dueño de la propiedad se compromete a realizar antes del cierre del contrato. Es recomendable que se especifique que, si la persona que vende no efectuara dichas reparaciones en el plazo previamente acordado, incurriría en alguna penalización.

Obtención del préstamo

Como ya hemos dicho, para que puedas obtener el préstamo, el prestamista te pedirá que cumplas con ciertos requisitos; como por ejemplo:

- La solicitud por escrito y el pago por la solicitud.
- La entrega de los documentos y comprobantes necesarios para que el subscriptor apruebe tu préstamo.
- La valuación de la propiedad a un nivel aceptable.
- La reparación de ciertos elementos de la casa. (En este caso, el contrato debe especificar quién es responsable de pagar por estas reparaciones.)
- La obtención del seguro contra siniestros para proteger la propiedad.

Además de las condiciones que pone el prestamista, tu contrato de compra-venta pudiera tener condiciones para ayudarte a cancelar el contrato si hubiera elementos que no fueran de tu agrado. Por ejemplo:

- Si firmaste el contrato antes de obtener una preaprobación, podrías incluir una condición en la que pudieras cancelar el contrato en caso de que, dentro de cierto plazo, no lograras conseguir un prestamista que estuviera dispuesto a otorgarte el préstamo.
- Si obtuviste una preaprobación y requieres que la tasa de interés que te ha ofrecido el prestamista sea la misma o más baja cuando se te otorgue el préstamo.

- Si la valuación es más baja que el precio acordado de compra-venta de la casa. En este caso, el contrato debe especificar quién será el responsable de cubrir la diferencia o si el contrato puede ser cancelado por este motivo.
- Si te es difícil o muy caro conseguir un seguro contra siniestros para proteger la casa. (Esto puede ser común en lugares en donde ha habido desastres naturales o en caso de que tú o el dueño de la propiedad hayan denunciado o reclamado uno o varios siniestros en el pasado.)

Venta de la casa del comprador

Si tu contrato de compra-venta te ofrece la oportunidad de cancelar dicho contrato en caso de que no puedas vender tu casa anterior, deberás cumplir con todos los requisitos para no tener problemas. Tu contrato de compra-venta seguramente especificará el precio al que debes ofrecer tu casa a la venta, además de requerir que proporciones comprobantes de que estás haciendo lo posible por vender tu casa lo más pronto posible.

Revisión de las escrituras

Las escrituras las revisa una compañía especializada. Generalmente tu agente de cierre contrata a la compañía correspondiente. Por eso es importante seleccionar bien a tu agente de cierre.

Es conveniente que tu contrato de compra-venta incluya una cláusula especificando que las escrituras de la propiedad deben estar en orden y sin ningún problema. Si existiera algún problema, tu contrato deberá aclarar quién será el responsable de solucionar dicho problema (generalmente quien vende es el responsable) y también deberá especificar el plazo establecido para resolverlo. El contrato también pudiera ofrecerte la posibilidad de cancelarlo si los problemas no se han resuelto dentro del plazo acordado.

La inspección final de la casa

Haz una revisión final de la casa antes del cierre del contrato

Tú, como comprador, desearás hacer una revisión final de la casa la mañana del día del cierre del contrato (o uno o dos días antes), para asegurarte que todo lo especificado en el contrato esté en buenas condiciones. Como comprador, también querrás revisar que las reparaciones que el dueño de la propiedad se haya comprometido a realizar – como resultado de alguna inspección – hayan quedado a tu entera satisfacción.

Condición física de la propiedad

La propiedad deberá ser entregada al comprador en las mismas condiciones en la que se encontraba en el momento de la ratificación o aceptación del contrato (revisa si existen daños ocasionados por la mudanza o desalojo de la propiedad).

También revisa que los elementos decorativos (como las lámparas empotradas, los ventiladores de techo, las persianas, cortinas y otros elementos que hayas negociado como parte de la compra) se encuentren en su lugar y en buen estado.

En caso de que haya habido un desastre natural que pudiera haberle causado daño a la propiedad (como por ejemplo: tormenta, huracán, inundación, hielo, nieve o tornado), asegúrate que la parte vendedora se ponga en contacto con su seguro contra siniestros para restaurar la propiedad a tu entera satisfacción antes del día del cierre de la transacción.

Electrodomésticos y sistemas de calefacción y aire acondicionado

Los electrodomésticos y sistemas de aire acondicionado y calefacción deben funcionar apropiadamente

Esta cláusula compromete al dueño de la propiedad a que tenga toda la plomería y los sistemas eléctrico y de calefacción y aire acondicionado *(HVAC)* –así como los electrodomésticos – en condiciones normales de trabajo, al momento del cierre.

Si tu contrato lo especifica, será responsabilidad del dueño de la propiedad la contratación de especialistas calificados que corrijan cualquier problema que encuentres, antes del cierre. Es recomendable que exijas los recibos de cada especialista para asegurarte que las reparaciones se han hecho de forma adecuada y conforme al código de construcción residencial, así como para poder exigir las garantías en caso necesario.

Hay que negociar discrepancias con el dueño de la propiedad cuanto antes

Si hubiera algún problema con la condición física de la propiedad, o si las reparaciones que el dueño de la propiedad se comprometió a realizar no están terminadas al momento de la inspección final de la casa, asegúrate de tratar el asunto con el dueño ANTES del día del cierre de la transacción.

Capítulo 13
¿Cómo se cierra la transacción de compra–venta?

En la primera parte de este capítulo describiremos las responsabilidades y actividades del agente de cierre. La segunda parte de este capítulo contiene una descripción, línea por línea, del formato estandarizado *HUD-1* que se utiliza en todos los cierres de transacciones de bienes raíces.

Estas descripciones te ayudarán a entender lo que sucede el día del cierre además de todos los gastos que tendrás como parte del proceso de compra de tu nueva casa.

El agente de cierre *(settlement agent)*

El agente de cierre es el responsable de gestionar la transacción de compra-venta. El agente de cierre generalmente trabaja para una compañía de cierre *(escrow company / settlement company)*

Compañía de cierre tipo "*escrow closing*"

En un cierre tipo "*escrow*", no hay una hora específica para reunirse a firmar

En algunos Estados, los cierres se manejan por separado para cada una de las partes; es decir, un agente de cierre atiende a la parte que vende y otro agente de cierre atiende a la parte que compra. A este tipo de cierre se le conoce como cierre por medio de fideicomiso *(escrow closing)*. En estos casos, el cierre de la transacción se efectúa el día acordado en el contrato, pero sin que las partes se encuentren presentes en el mismo lugar. Las negociaciones entre las partes, el papeleo y las firmas necesarias se procesan durante los días anteriores al día del cierre.

Compañía de cierre tipo "settlement closing"

En otros Estados los cierres son simultáneos y efectuados por un agente de cierre. Bajo este modelo, el comprador y el dueño de la propiedad asisten físicamente a las oficinas de la compañía de cierre el mismo día y generalmente, a la misma hora para hacer negociaciones finales, revisar y firmar los documentos correspondientes e intercambiar felicitaciones.

Actividades del agente de cierre

En los dos tipos de cierre, el agente de cierre (o alguna otra compañía designada por dicho agente) se encarga de las siguientes actividades:

Revisión de las escrituras

La revisión de las escrituras es un paso crítico

La revisión es necesaria para hacer un resumen y determinar si todo en las escrituras está en orden o si hay detalles que corregir antes del cierre de la transacción. Durante la revisión, el agente de cierre determina quién parece ser el dueño legítimo de la propiedad y si es que existen préstamos o deudas que deban ser liquidados para poder transferir la propiedad limpiamente. El resumen es necesario también para poder obtener el seguro de las escrituras.

Seguro de las escrituras

Como se comentó anteriormente, si vas a obtener un préstamo, tu prestamista exigirá que obtengas un seguro de las escrituras para proteger su inversión en caso de que hubiera algún problema con el historial de las escrituras.

El agente de cierre es quien se encarga de descubrir posibles problemas, pero hay ocasiones en que éstos no aparecen sino hasta después de un tiempo. Es conveniente que también obtengas la protección necesaria a fin de no poner en peligro tu inversión en caso de que existiera algún problema.

Recuerda que el pago de la prima de este seguro se hace solamente una vez: al momento del cierre (no es necesario el pago de primas anuales para mantener la cobertura). Tu agente de cierre puede darte más información acerca de los tipos de seguros disponibles.

Preparación de documentos

Parte de los servicios del agente de cierre es el de preparar las escrituras nuevas, de procesar los documentos del prestamista, de solicitar mapas del sitio y cualquier otro trámite requerido, tanto por el contrato como por el prestamista o por el gobierno estatal o federal (como las formas tributarias).

Durante el cierre, el agente te explicará qué es lo que cada documento significa y reunirá las firmas necesarias para la ejecución de dicho documento. Después del cierre, el agente se encargará de que la nueva escritura, así como el documento del préstamo, queden debidamente anotados en el Registro Público de la Propiedad.

Costos de cierre

Pide que te expliquen
los costos del cierre

Cada transacción es diferente en los detalles, pero todas deben utilizar el formato *HUD-1* para documentar el origen y la transferencia de fondos monetarios relacionada con la compra-venta de una propiedad.

Tu agente de cierre te proporcionará una copia de dicho formato y te explicará, línea por línea, qué significa cada cargo.

A continuación te presentamos un ejemplo del formato *HUD-1* con explicación de los cargos.

La página 1 de la hoja de cierre (formato *HUD–1*)

La página 1 de la hoja de cierre contiene un resumen de todos los cargos, así como la información principal de la transacción:

- La sección A es el título del formato *HUD-1: Settlement Statement*
- El tipo de préstamo (convencional, *FHA, VA*) estará descrito en la sección B

- La sección C es una nota en donde se informa al público cuál es el propósito del formato *HUD-1*. Además, dice que cualquier cargo con las siglas *P.O.C.* significa que éste ya ha sido pagado por adelantado antes del día del cierre y que dicho cargo está incluido en el formato *HUD-1* solamente para propósitos informativos

- Los nombres del comprador y del dueño de la propiedad (secciones D y E)
- El nombre y dirección del prestamista (sección F)

- La dirección de la propiedad (sección G)
- El nombre, dirección de la compañía de cierre (sección H) y la fecha del cierre (sección I)

A. Settlement Statement

U.S. Department of Housing
and Urban Development

OMB Approval No. 2502-0265
(expires 11/30/2006)

B. Type of Loan

1. ☐ FHA	2. ☐ FmHA	3. ☐ Conv. Unins.	6. File Number:	7. Loan Number:	8. Mortgage Insurance Case Number:
4. ☐ VA	5. ☐ Conv. Ins.				

C. Note: This form is furnished to give you a statement of actual settlement costs. Amounts paid to and by the settlement agent are shown. Items marked "(p.o.c.)" were paid outside the closing; they are shown here for informational purposes and are not included in the totals.

D. Name & Address of Borrower:	E. Name & Address of Seller:	F. Name & Address of Lender:
Nombre y Dirección del Comprador	Nombre y Dirección del Vendedor	Nombre y Dirección del Prestamista

G. Property Location:	H. Settlement Agent:
Dirección de la Propiedad	Agente de Cierre
	Place of Settlement:
	Dirección del Lugar del Cierre

I. Settlement Date:

Fecha del Cierre

J. Summary of Borrower's Transaction		K. Summary of Seller's Transaction	
100. Gross Amount Due From Borrower		**400. Gross Amount Due To Seller**	
101. Contract sales price	200,000	401. Contract sales price	200,000
102. Personal property		402. Personal property	
103. Settlement charges to borrower (line 1400)	8,922.46	403.	
104. 2nd loan fees & interest to Lender	550.00	404.	
105.		405.	
Adjustments for items paid by seller in advance		**Adjustments for items paid by seller in advance**	
106. City/town taxes to		406. City/town taxes to	
107. County taxes to		407. County taxes to	
108. Assessments to		408. Assessments to	
109.		409.	
110.		410.	
111.		411.	
112.		412.	
120. Gross Amount Due From Borrower	209,472.46	**420. Gross Amount Due To Seller**	200,000.00
200. Amounts Paid By Or In Behalf Of Borrower		**500. Reductions In Amount Due To Seller**	
201. Deposit or earnest money	2,000	501. Excess deposit (see instructions)	
202. Principal amount of new loan(s)	160,000	502. Settlement charges to seller (line 1400)	14,575
203. Existing loan(s) taken subject to		503. Existing loan(s) taken subject to	
204. Principal amount of 2nd loan	40,000	504. Payoff of first mortgage loan	120,000
205. Seller credit to buyer closing costs	5,000	505. Payoff of second mortgage loan	
206.		506. Seller credit to buyer closing costs	5,000
207.		507.	
208.		508.	
209.		509.	
Adjustments for items unpaid by seller		**Adjustments for items unpaid by seller**	
210. City/town taxes to		510. City/town taxes to	
211. County taxes 7/01 to 8/25	225.30	511. County taxes 7/01 to 8/25	225.30
212. Assessments to		512. Assessments to	
213.		513.	
214.		514.	
215.		515.	
216.		516.	
217.		517.	
218.		518.	
219.		519.	
220. Total Paid By/For Borrower	207,225.30	**520. Total Reduction Amount Due Seller**	139,800.30
300. Cash At Settlement From/To Borrower		**600. Cash At Settlement To/From Seller**	
301. Gross Amount due from borrower (line 120)	209,472.46	601. Gross amount due to seller (line 420)	200,000.00
302. Less amounts paid by/for borrower (line 220)	(207,225.30)	602. Less reductions in amt. due seller (line 520)	(139,800.30)
303. Cash ☑ From ☐ To Borrower	2,247.16	**603. Cash** ☑ To ☐ From Seller	60,199.70

Previous editions are obsolete

Page 1 of 2

form **HUD-1** (3/86)
ref Handbook 4305.2

Resumen preliminar de los cargos al comprador y los ingresos del dueño de la propiedad

En la sección J del formato *HUD-1* con los números de línea del 100 al 120 (del lado izquierdo de la forma) se encuentra el resumen general de los cargos al comprador.

La sección K con los números de línea del 400 al 420 (del lado derecho de la forma) contiene el resumen de los ingresos generales que recibirá el dueño de la propiedad.

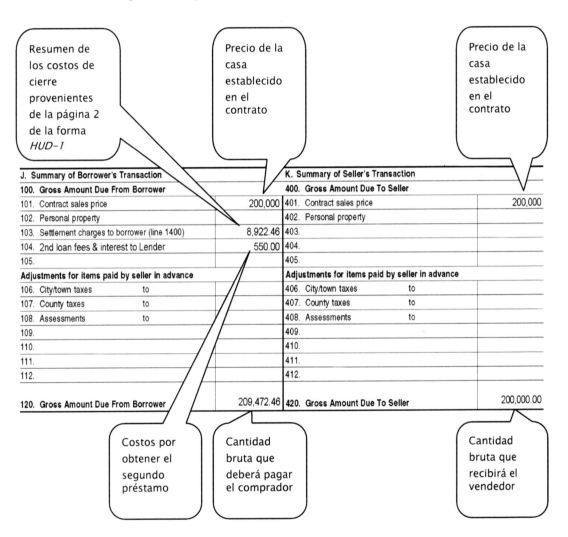

Resumen de los costos de cierre provenientes de la página 2 de la forma *HUD-1*

Precio de la casa establecido en el contrato

Precio de la casa establecido en el contrato

J. Summary of Borrower's Transaction		K. Summary of Seller's Transaction	
100. Gross Amount Due From Borrower		**400. Gross Amount Due To Seller**	
101. Contract sales price	200,000	401. Contract sales price	200,000
102. Personal property		402. Personal property	
103. Settlement charges to borrower (line 1400)	8,922.46	403.	
104. 2nd loan fees & interest to Lender	550.00	404.	
105.		405.	
Adjustments for items paid by seller in advance		Adjustments for items paid by seller in advance	
106. City/town taxes to		406. City/town taxes to	
107. County taxes to		407. County taxes to	
108. Assessments to		408. Assessments to	
109.		409.	
110.		410.	
111.		411.	
112.		412.	
120. Gross Amount Due From Borrower	209,472.46	**420. Gross Amount Due To Seller**	200,000.00

Costos por obtener el segundo préstamo

Cantidad bruta que deberá pagar el comprador

Cantidad bruta que recibirá el vendedor

Pagos & créditos a favor del comprador y cargos & créditos al dueño de la propiedad

En la siguiente parte de la sección J (números 200 al 220) del formato *HUD-1* se desglosan los pagos que el comprador ha hecho y los créditos que se le han otorgado. De la misma manera, en la sección K 500–520 (del lado derecho de la forma) se desglosan los cargos y créditos del dueño de la propiedad.

Cantidad del primer préstamo (el 80%)

Depósito en garantía del comprador

Cantidad del segundo préstamo (el 20%)

En este ejemplo, el que vende paga parte de los costos de cierre

200. Amounts Paid By Or In Behalf Of Borrower			500. Reductions In Amount Due To Seller		
201. Deposit or earnest money		2,000	501. Excess deposit (see instructions)		
202. Principal amount of new loan(s)		160,000	502. Settlement charges to seller (line 1400)		14,575
203. Existing loan(s) taken subject to			503. Existing loan(s) taken subject to		
204. Principal amount of 2nd loan		40,000	504. Payoff of first mortgage loan		120,000
205. Seller credit to buyer closing costs		5,000	505. Payoff of second mortgage loan		
206.			506. Seller credit to buyer closing costs		5,000
207.			507.		
208.			508.		
209.			509.		
Adjustments for items unpaid by seller			**Adjustments for items unpaid by seller**		
210. City/town taxes	to		510. City/town taxes	to	
211. County taxes 7/01 to 8/25		225.30	511. County taxes 7/01 to 8/25		225.30
212. Assessments	to		512. Assessments	to	
213.			513.		
214.			514.		
215.			515.		
216.			516.		
217.			517.		
218.			518.		
219.			519.		
220. Total Paid By/For Borrower		207,225.30	**520. Total Reduction Amount Due Seller**		139,800.30

Crédito al comprador por concepto de los impuestos de la propiedad prorrateados desde mediados de año hasta la fecha del cierre

Total que ha sido pagado por el comprador o a favor del comprador

Cargos totales del vendedor

Resumen de los débitos y créditos y las cantidades finales de la transacción.

La sección J 300 es el resumen de las dos secciones anteriores con los créditos menos los débitos. Si la diferencia entre estos dos números es mayor a US$0, el comprador deberá proporcionar la diferencia al contado (generalmente con un cheque de caja) el día del cierre de la transacción.

La sección K 600 es el resumen del total de lo que recibirá el dueño de la propiedad al final de la transacción.

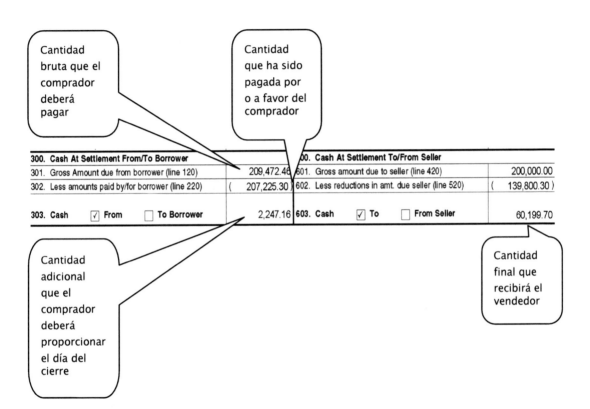

Cantidad bruta que el comprador deberá pagar

Cantidad que ha sido pagada por o a favor del comprador

300. Cash At Settlement From/To Borrower		600. Cash At Settlement To/From Seller	
301. Gross Amount due from borrower (line 120)	209,472.46	601. Gross amount due to seller (line 420)	200,000.00
302. Less amounts paid by/for borrower (line 220)	(207,225.30)	602. Less reductions in amt. due seller (line 520)	(139,800.30)
303. Cash ☑ From ☐ To Borrower	2,247.16	603. Cash ☑ To ☐ From Seller	60,199.70

Cantidad adicional que el comprador deberá proporcionar el día del cierre

Cantidad final que recibirá el vendedor

La página 2 de la hoja de cierre (formato *HUD–1*)

En la segunda página de la hoja de cierre aparece la sección L en donde se desglosan los costos de cierre tanto para quien compra como para quien vende. El total de los costos de la persona que compra se refleja tanto en la línea 1400 de esta página como en la línea 103 (en la página 1 de la hoja de cierre).

Ningún cargo deberá sorprenderte, puesto que si obtuviste un préstamo, debiste de haber recibido un estimado de buena fe con la mayoría de los cargos que verás en la página 2 del formato *HUD-1*.

Recuerda, del Capítulo 4: "Lo mínimo que debes saber para conseguir un préstamo hipotecario", que el estimado de buena fe contiene la misma notación de numeración para ayudarte a comparar cargos.

L. Settlement Charges

		Paid From Borrowers Funds at Settlement	Paid From Seller's Funds at Settlement
700. Total Sales/Broker's Commission based on price $ 200,000 @ 7 % = 14,000			
Division of Commission (line 700) as follows:			
701. $ 8,000 to Selling Agent's Company			
702. $ 6,000 to Listing Agent's Company			
703. Commission paid at Settlement			14,000
704.			
800. Items Payable In Connection With Loan			
801. Loan Origination Fee 1 %		1600	
802. Loan Discount 1 %		1600	
803. Appraisal Fee 300 to Mortgage Lender Appraiser		300	
804. Credit Report 55 to Mortgage Lender		55	
805. Lender's Inspection Fee			
806. Mortgage Insurance Application Fee to			
807. Assumption Fee			
808. Underwriting Fee to Mortgage Lender		150	
809. Doc. Prep Fee to Mortgage Lender		250	
810. Tax Service Fee to Mortgage Lender		75	
811. Processing Fee to Mortgage Lender		100	
900. Items Required By Lender To Be Paid In Advance			
901. Interest from 8/25 to 9/1 @ $ 28.49 /day		227.92	
902. Mortgage Insurance Premium for months to			
903. Hazard Insurance Premium for 1 years to Insurer		720	
904. years to			
905.			
1000. Reserves Deposited With Lender			
1001. Hazard insurance 2 months @ $ 60 per month		120	
1002. Mortgage insurance months @ $ per month			
1003. City property taxes months @ $ per month			
1004. County property taxes 2 months @ $ 122.33 per month		244.66	
1005. Annual assessments months @ $ per month			
1006. months @ $ per month			
1007. months @ $ per month			
1008. months @ $ per month			
1100. Title Charges			
1101. Settlement or closing fee to Settlement Agent		195	225
1102. Abstract or title search to			
1103. Title examination to Settlement Agent		225	
1104. Title insurance binder to Settlement Agent		85	
1105. Document preparation to Attorneys			150
1106. Notary fees to			
1107. Attorney's fees to			
(includes above items numbers:)			
1108. Title insurance to Settlement Agent		1260	
(includes above items numbers:)			
1109. Lender's coverage $ 160,000 @ 530.00			
1110. Owner's coverage $ 200,000 @ 730.00			
1111. Delivery charge to Settlement Agent		55	
1112. Settlement or closing fee to Settlement Agent for 2nd loan		100	
1113.			
1200. Government Recording and Transfer Charges			
1201. Recording fees: Deed $ 25 ; Mortgage $ 30 ; Releases $		55	
1202. City/county tax/stamps: Deed $ 166.60 ; Mortgage $ 133.28		299.88	
1203. State tax/stamps: Deed $ 500 ; Mortgage $ 375		875	
1204. Grantor's Tax			200
1205.			
1300. Additional Settlement Charges			
1301. Survey to Surveyor		275	
1302. Pest inspection to Pest Inspector		55	
1303.			
1304.			
1305.			
1400. Total Settlement Charges (enter on lines 103, Section J and 502, Section K)		8,922.46	14,575

Previous editions are obsolete

form **HUD-1** (3/86)
ref Handbook 4305.2

Los cargos de corretaje *(brokerage)* (sección 700)

En este ejemplo, el dueño de la propiedad que quieres comprar es el responsable de pagar todos los cargos de corretaje, tanto los de su propio agente, como los del agente de compras.

L. Settlement Charges

					Paid From Borrowers Funds at Settlement	Paid From Seller's Funds at Settlement
700.	**Total Sales/Broker's Commission based on price $** 200,000 @ 7 % =			14,000		
	Division of Commission (line 700) as follows:					
701. $	8,000	to	Selling Agent's Company			
702. $	6,000	to	Listing Agent's Company			
703.	Commission paid at Settlement					14,000
704.						

En este ejemplo, quien vende paga todos los cargos de corretaje

Cargos asociados con el préstamo (sección 800)

Como ya se mencionó, los cargos relacionados con el préstamo no deben sorprendente, puesto que el prestamista debió haberte dado un estimado de buena fe con dichos cargos. Si el estimado de buena fe no coincide con los cargos presentados en la hoja de cierre, habla con tu prestamista para aclarar cualquier duda o malentendido.

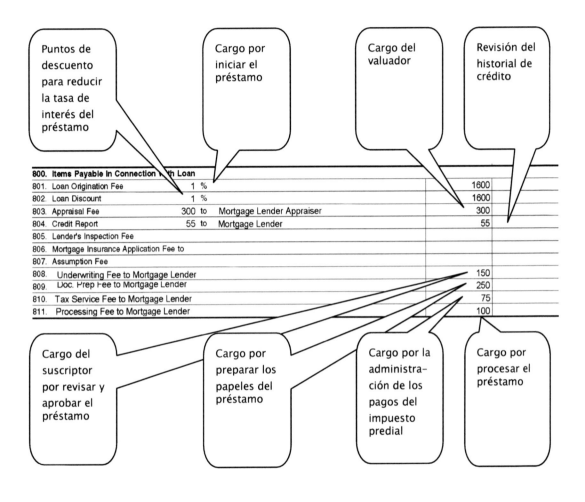

Este ejemplo es un caso común en donde aparecen bastantes cargos del prestamista. Platica con tu prestamista para entender bien lo que cada uno de estos cargos significa y la razón por la que te los está cobrando.

Cargos que el prestamista requiere que sean pagados por adelantado (sección 900)

El prestamista puede requerir que hagas ciertos pagos por adelantado. Uno de los más comunes es el pago del interés del préstamo, desde el día del cierre hasta el primer día del mes siguiente (cuando será el primer día oficial de tu préstamo). Otro de los cargos más comunes es el de la prima del seguro anual contra siniestros.

Cargo por el interés del préstamo desde el día del cierre hasta el primer día del siguiente mes

900. Items Required By Lender To Be Paid In Advance				
901. Interest from 8/25 to 9/1 @$	28.49 /day			227.92
902. Mortgage Insurance Premium for		months to		
903. Hazard Insurance Premium for		1 years to	Insurer	720
904.		years to		
905.				

La prima del seguro anual contra siniestros pagada, por un año, por adelantado

Reservas que deben ser depositadas en una cuenta especial con el prestamista (sección 1000)

La mayoría de los prestamistas requieren un depósito de 2 ó 3 meses por adelantado para el pago de la prima del seguro contra siniestros y para el pago del impuesto predial de la propiedad. Recuerda que el prestamista hará los pagos de los impuestos y de la prima del seguro, según corresponda, utilizando parte de tu pago mensual (que incluye pago al capital, interés, impuestos y seguro –*PITI*). Estos dos meses en reserva los mantiene el prestamista en caso de que no hicieras tus pagos mensuales a tiempo.

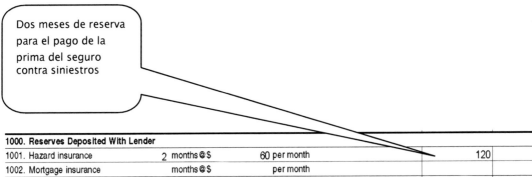

Dos meses de reserva para el pago de la prima del seguro contra siniestros

1000. Reserves Deposited With Lender					
1001. Hazard insurance	2	months @ $	60 per month		120
1002. Mortgage insurance		months @ $	per month		
1003. City property taxes		months @ $	per month		
1004. County property taxes	2	months @ $	122.33 per month		244.66
1005. Annual assessments		months @ $	per month		
1006.		months @ $	per month		
1007.		months @ $	per month		
1008.		months @ $			

Dos meses de reserva para el pago del impuesto predial de la propiedad

Cargos relacionados con el cierre y las escrituras (sección 1100)

Los cargos en esta sección se refieren exclusivamente al agente de cierre y a las actividades relacionadas con la investigación del historial de las escrituras de la propiedad. Estos cargos deben haber aparecido también en el estimado de buena fe del prestamista.

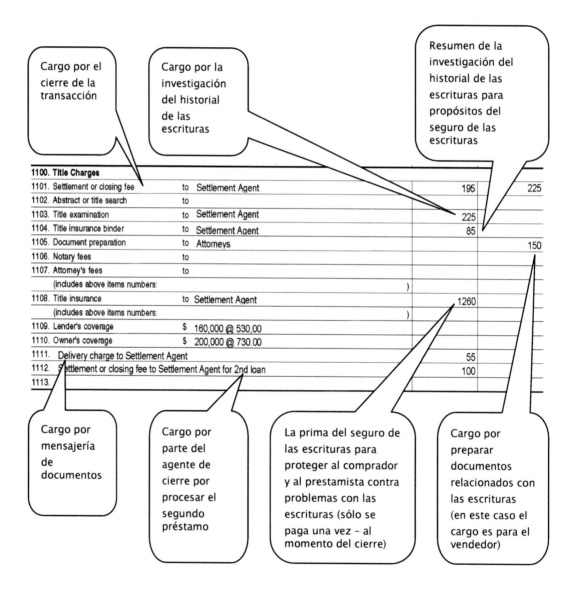

Cargo por el cierre de la transacción

Cargo por la investigación del historial de las escrituras

Resumen de la investigación del historial de las escrituras para propósitos del seguro de las escrituras

1100. Title Charges				
1101. Settlement or closing fee	to	Settlement Agent	195	225
1102. Abstract or title search	to			
1103. Title examination	to	Settlement Agent	225	
1104. Title insurance binder	to	Settlement Agent	85	
1105. Document preparation	to	Attorneys		150
1106. Notary fees	to			
1107. Attorney's fees	to			
(includes above items numbers:			)	
1108. Title insurance	to	Settlement Agent	1260	
(includes above items numbers:			)	
1109. Lender's coverage	$	160,000 @ 530,00		
1110. Owner's coverage	$	200,000 @ 730.00		
1111. Delivery charge to Settlement Agent			55	
1112. Settlement or closing fee to Settlement Agent for 2nd loan			100	
1113.				

Cargo por mensajería de documentos

Cargo por parte del agente de cierre por procesar el segundo préstamo

La prima del seguro de las escrituras para proteger al comprador y al prestamista contra problemas con las escrituras (sólo se paga una vez – al momento del cierre)

Cargo por preparar documentos relacionados con las escrituras (en este caso el cargo es para el vendedor)

Cargos por impuestos al gobierno y cargos adicionales (secciones 1200 y 1300)

La sección 1200 describe los impuestos que hay que pagarle al gobierno estatal y/o local por el registro de las escrituras y la hipoteca, así como los impuestos por la compra y venta de la propiedad.

La sección 1300 incluye los demás cargos misceláneos relacionados con la compra de tu propiedad.

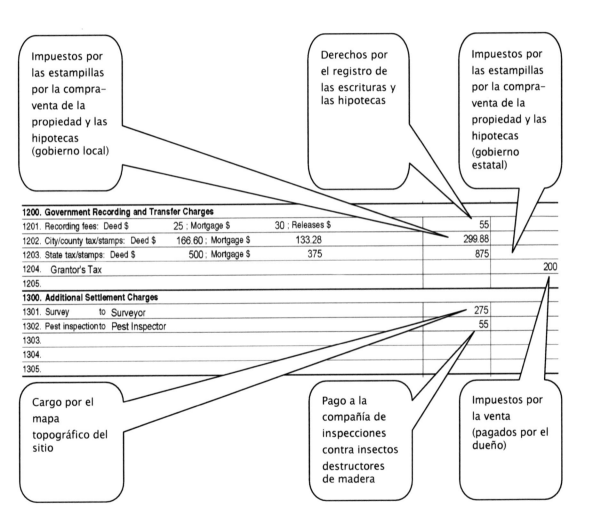

Impuestos por las estampillas por la compra-venta de la propiedad y las hipotecas (gobierno local)

Derechos por el registro de las escrituras y las hipotecas

Impuestos por las estampillas por la compra-venta de la propiedad y las hipotecas (gobierno estatal)

1200. Government Recording and Transfer Charges			
1201. Recording fees: Deed $ 25 ; Mortgage $ 30 ; Releases $		55	
1202. City/county tax/stamps: Deed $ 166.60 ; Mortgage $ 133.28		299.88	
1203. State tax/stamps: Deed $ 500 ; Mortgage $ 375		875	
1204. Grantor's Tax			200
1205.			
1300. Additional Settlement Charges			
1301. Survey to Surveyor		275	
1302. Pest inspection to Pest Inspector		55	
1303.			
1304.			
1305.			

Cargo por el mapa topográfico del sitio

Pago a la compañía de inspecciones contra insectos destructores de madera

Impuestos por la venta (pagados por el dueño)

El total de los costos de cierre (sección 1400)

Esta sección simplemente contiene la suma de todos los costos de cierre detallados en las secciones 700 a 1300. El resultado de la suma correspondiente al comprador se transfiere a la página 1 de la hoja de cierre en la línea 103. El resultado del total para el dueño de la propiedad se transfiere a la línea 502 de la página 1 de la hoja de cierre.

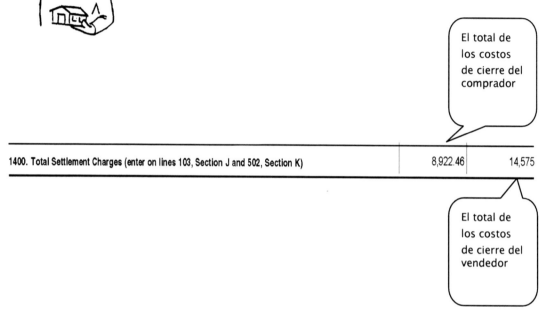

El total de los costos de cierre del comprador

1400. Total Settlement Charges (enter on lines 103, Section J and 502, Section K)	8,922.46	14,575

El total de los costos de cierre del vendedor

Conclusión

Ahora sí ya no tendrás de qué preocuparte por caer en alguno de **los 13 riesgos más comunes al comprar casa en USA**, pues, si has seguido las recomendaciones de este libro, ya estarás muy bien enterado de todo el proceso y preparado para aplicarlo.

Qué bueno que te diste la oportunidad de leer este libro. Espero que lo hayas disfrutado.

Tus comentarios o experiencias vividas relacionados con la compra de tu casa, que quisieras compartir con personas que estuvieran en una situación similar a la tuya, son bienvenidos.

Visítanos y encuentra material de apoyo en www.ComprarCasaUSA.com

Saludos y espero tu comunicación.

Marina

Marina Brito
Marina@ComprarCasaUSA.com

P.D. ¡Nos vemos en www.ComprarCasaUSA.com!

Bibliografía y Referencias

Internal Revenue Service
http://www.irs.gov/espanol

Viviendas y Comunidades, Departamento de Vivienda y Desarrollo Urbano de EE.UU.
http://espanol.hud.gov

United States Department of Veterans Affairs
http://www.va.gov

Annual Credit Report
http://www.AnnualCreditReport.com

Fannie Mae
http://www.fanniemae.com

Freddie Mac
http://www.freddiemac.com

Agencia de Protección Ambiental (EPA)
http://www.epa.gov/espanol

Federal Trade Commission
http://www.ftc.gov/espanol

National Association of Realtors ® (NAR)
http://www.realtor.org

RE/MAX
http://www.remax.com

Northern Virginia Association of Realtors ® (NVAR)
http://www.nvar.com

Baca Currea, Guillermo, *Las Matemáticas Financieras y Los Sistemas*, México D.F., Limusa, 1986

Galaty, Fillmore W., Allaway, Wellington J., Kyle Robert C., *Modern Real Estate Practice*, Chicago, Dearborn Financial Publishing, Inc., 1999

Índice

hipoteca. *Ver* préstamo hipotecario
honorarios por la solicitud, 67
HUD. Ver Departamento de Vivienda y
  Desarrollo Urbano
HUD-1, 44-47, 117-132
índice anual de La Tesorería de los
  Estados Unidos, 59
índice de seis meses de La Tesorería de
  los Estados Unidos, 58
Informe de Divulgación de Veracidad del
  Préstamo, 78
ingresos declarados, 52
inspección de plagas, 108
inspección de termitas. *Ver* inspección de
  plagas
inspector catastral, 74
interest only. Ver tasa de sólo interés
Loan To Value, 64
lock-in. Ver traba
LTV. Ver Loan To Value
mercado secundario, 41, 42, 51-53
MIP. Ver seguro hipotecario
MLS. Ver servicio de listado múltiple
mortgage brokers. Ver corredores de
  préstamos hipotecarios
mortgage insurance. Ver seguro
  hipotecario
multa por pagos adelantados, 66
NAR. Ver Asociación Nacional de
  Realtors ®
no doc. Ver sin documentos
número de identificación de impuestos,
  22
número de seguro social, 22, 27, 68
oficial de préstamo, 39
open house. Ver casa en muestra
pago inicial. *Ver* enganche
PI. Ver capital e interés
PITI, 61, 80, 129, *Ver* capital, interés,
  impuestos y seguro
PMI. Ver seguro hipotecario
póliza de garantía, 109
pre-payment penalty. Ver multa por
  pagos adelantados
prestamista, 3, 5, 10, 15, 18-23, 25, 27, 35,
  39-54, 56, 58, 62-89, 105, 108, 113, 114,
  118, 119, 127-130
prestamistas directos, 40
préstamo hipotecario, 2, 3, 9-15, 23, 24,
  28, 30, 39, 43, 46, 49, 52-55, 84, 85, 89

principal & interest. Ver capital e interés
principal, interest, taxes, insurance. Ver
  capital, interés, impuestos y seguro
problemas crediticios, 87
programa para veteranos, 53
Puntos porcentuales de descuento, 62
reclamación, 28, 29, 72, 87
RESPA, 44, 68
security deposit. Ver depósito de garantía
seguro contra inundaciones, 73, 115
seguro contra siniestros, 11, 18, 24, 43, 61,
  65, 71-75, 114, 115, 129
seguro de las escrituras, 71-74, 118
seguro hipotecario, 47, 52, 64, 65, 80
servicio de listado múltiple, 33, 34
sin documentos, 52
single family detached. Ver casa sola
SSN. Ver número de seguro social
stated income. Ver ingresos declarados
survey. Ver análisis topográfico
surveyor. Ver inspector catastral
suscriptor, 40, 41, 43, 46, 69
tasa de interés fija, 57-62, 66, 78
tasa de sólo interés, 57, 60, 61
tasa porcentual anual, 78
tasas de interés ajustables, 56, 58, 81
tasas de interés variables, 56, 57, 58
Tax ID. Ver número de identificación de
  impuestos
T-Bill, 58, 59, 81
TIN. Ver número de identificación de
  impuestos
title insurance. Ver seguro de las
  escrituras
townhouse. Ver casa urbana
traba, 65, 66, 80
transferencia de hipoteca, 46, 66, 89
Truth in Lending Act, 68
Truth in Lending Disclosure Statement.
  Ver Informe de Divulgación de
  Veracidad del Préstamo
underwriter. Ver suscriptor
unión de crédito, 39
VA. Ver programa para veteranos
valuador, 18, 43, 46, 69, 70, 88, 108
variable rate. Ver tasas de interés
  variables
Veterans Affairs. Ver programa para
  veteranos

CPSIA information can be obtained at www.ICGtesting.com
Printed in the USA
BVOW052219151211

278513BV00002B/4/P

9 780979 263408